Racine

Phèdre

Édition de Raymond Picard

Gallimard

NOTE DE L'ÉDITEUR

La présentation de Raymond Picard (préface, notice et notes) reprend celle qu'il a publiée dans la première édition de la Pléiade. Celle-ci s'attachant surtout à l'analyse littéraire de l'œuvre, nous l'avons complétée par quelques éléments documentaires succincts (chronologie, bibliographie, index, tableau généalogique, résumé).

Pour une étude plus approfondie sur les circonstances de création de la pièce, on pourra se reporter au chapitre que Raymond Picard a consacré à *Phèdre* dans *La Carrière de Jean Racine*.

Le texte de Racine que nous reproduisons est celui de 1697, le dernier paru du vivant de l'auteur, d'ailleurs fort peu différent de la première édition de 1677 (voir la note 1 de la p. 117).

PRÉFACE

Jusqu'alors, Racine avait surtout mis sur le théâtre deux types de personnages. Les uns, tels Oreste, Hermione ou Roxane, possédés par la passion, se lançaient ingénument à l'assouvissement de leur désir; sans recul vis-à-vis d'eux-mêmes, incapables de se juger, identifiés à leur élan, ils couraient furieusement à la catastrophe, pour échapper au malheur de n'être pas aimés; la passion de Roxane est comme l'existence même de Roxane dont elle est inséparable : c'est un absolu, étranger à toute considération de valeur; elle est; il faut l'accepter ou s'anéantir avec elle. Les autres, tels Titus, Xipharès ou Monime, sachant vivre au-delà d'eux-mêmes, prenaient conscience d'une certaine hiérarchie de la valeur, et ils tentaient douloureusement d'y soumettre leur conduite; ces héros généreux, sensibles, mais soucieux de répondre à leur vocation morale, avouaient leur passion, mais ne s'y abandonnaient pas; ils luttaient et, dans ce corps à corps avec eux-mêmes, déchirés, ils triomphaient enfin. Ainsi, les tragédies de Racine se déroulaient

dans un monde de pure nature, *où les personnages
étaient la proie aveugle des lois de la mécanique pas-
sionnelle ; ou bien elles se jouaient dans un univers de
devoir où conscience morale et volonté étaient unies ;
le héros, s'il était capable de distinguer le bien du
mal, l'était aussi de fuir le mal.*

*Le personnage de Phèdre appartient à la fois à ces
deux systèmes qui semblaient s'exclure. Phèdre participe de Roxane et de Monime : elle se confond avec
sa passion, mais en même temps, elle sait ce qu'elle
se doit. Brûlée jusqu'aux moelles, comme Roxane,
par l'amour qui la dévore, Phèdre peut, à la diffé-
rence de Roxane, mettre assez d'intervalle entre soi
et soi, pour se connaître, se juger et se condamner ;
mais ils sont vains, ces regards d'horreur que Phèdre
jette sur elle-même. Tandis que chez Monime, la lucidité morale n'existait pas sans le pouvoir et la force
de faire son devoir, chez Phèdre au contraire, cette
même lucidité demeure inefficace, et ne fait que nourrir le tragique d'un personnage où le sentiment de la
dégradation morale s'ajoutera aux souffrances d'un
amour sans espoir. Au tragique psychologique —
celui de l'amour — vient se superposer un tragique
en quelque sorte moral — celui de la dignité perdue
— qui n'apparaît que dans* Phèdre. *Dans toutes les
autres tragédies, quand le rideau se lève, ou bien le
héros a déjà accepté sa passion, et, s'il lutte désormais, ce n'est plus contre soi, c'est pour la satisfaire ;
ou bien le héros sait qu'il doit se vaincre et il y parvient en effet. Dans* Phèdre *seulement, le personnage*

se livre à sa passion en la haïssant, continue de com-
battre contre soi, tout en s'abandonnant à lui-même,
pour être vaincu enfin sur les deux plans où se déve-
loppe cette tragédie singulière : le plan moral et le
plan psychologique.

 Il était pourtant bien facile d'éviter le problème
moral. Dans la Phèdre *de Pradon, il n'y a ni adultère,*
ni inceste, car Phèdre n'est pas encore l'épouse de
Thésée. Racine lui-même, au mépris de l'histoire, avait
fait de Monime la fiancée de Mithridate, et non sa
femme. Il a donc pris soin, dans Phèdre, *de rendre illi-*
cite un amour auquel la coutume du théâtre et la tra-
dition romanesque permettaient, et recommandaient
même, d'enlever tout caractère choquant. C'est ici le
seul amour adultère que Racine ait mis sur la scène, si
l'on met à part le monstre Néron, dont l'amour pour
Junie n'est qu'un des ressorts du drame. Quant à l'in-
ceste, il est lié à l'adultère, car il n'y aurait pas la
moindre parenté entre Hippolyte et Phèdre, si celle-ci
n'était l'épouse de Thésée. Mais, a-t-on fait observer,
il n'y a pas à proprement parler d'inceste, dans l'ac-
ception technique du terme, puisque Hippolyte n'est
pas le fils de Phèdre. Peu importe : il suffit que tous
les personnages considèrent que l'amour de Phèdre
est incestueux. Or il n'y a pas le moindre doute à ce
sujet. « Je respire à la fois l'inceste et l'imposture »
reconnaît Phèdre, elle-même. « Va chercher des amis
dont l'estime... applaudisse à l'inceste » lance Thésée
à son fils injustement accusé. Et ce dernier répond
qu'il n'a pu en un seul jour devenir « un lâche inces-

*tueux ». À la vérité, Œnone dans son rôle de tenta-
trice feint un instant d'oublier l'inceste. Quand on
apprend la mort de Thésée, elle déclare à Phèdre :
« Votre flamme devient une flamme ordinaire », comme
si cette mort, qui supprime l'adultère, pouvait faire
disparaître en même temps le lien familial que l'existence de Thésée avait créé. Mais rien ne nous montre
que Phèdre, tout égarée qu'elle soit, admette pareille
idée ; elle s'abandonne malgré soi à une honteuse
espérance : jamais elle ne cesse de condamner l'amour
coupable qui la possède. Ainsi, tandis qu'aucun obstacle moral ne séparait Oreste d'Hermione, mais seulement le malheur, tout psychologique, de n'être pas
aimé, il y a entre Phèdre et Hippolyte, outre les obs-
tacles psychologiques que l'on pressent, l'interdiction
de l'adultère et la prohibition de l'inceste.*

*Ce dernier obstacle est éternel. Dès lors, si Phèdre
est décidément incapable de vaincre sa passion, elle
peut cependant s'interdire d'agir pour tenter de la
satisfaire. Incapable de faire une bonne vie, Phèdre
avait du moins la possibilité de choisir une bonne
mort ; la tragédie veut précisément que cette mort
innocente lui échappe et que Phèdre meure chargée
de tous les crimes. Quand Phèdre apparaît pour la
première fois sur le théâtre, c'est une femme aux
portes de la mort ; quand elle se montre pour la dernière fois, au cinquième acte, elle est sur le point de
mourir, et elle meurt enfin. Elle est à peine plus près
de la mort à la fin de la pièce qu'au début. Et pourtant,
entre la Phèdre mourante qui refuse de confier à*

Œnone son secret, et la *Phèdre* mourante qui confesse
à Thésée ses forfaits, il y a place pour toute la tragédie. Le tragique, on le voit ici une fois de plus, n'est
pas de mourir, mais de perdre ce qui compte plus que
la vie. Après les tortures d'une âme saccagée, après
l'agonie de l'anéantissement intérieur, la mort marquerait plutôt une détente du tragique. Était-elle tragique, cette mort que cherchait Phèdre au début de la
pièce, et qui lui aurait permis d'esquiver la tragédie ?
Phèdre la regrette comme un bonheur aboli. « *Je mourais ce matin digne d'être pleurée.* » Elle se tourne
comme vers un âge d'or vers ce passé si proche où la
mort était encore secourable. Le tragique de Phèdre,
c'est qu'elle s'est laissé dérober une mort honorable,
engagée qu'elle était dans des événements, entre les-
quels elle a reconnu bien vite le lien intentionnel de la
fatalité.

Car nulle part, l'enchaînement maléfique des événements n'est plus serré ni plus apparent. Phèdre
n'est pas lancée dans la catastrophe comme dans un
gouffre qui s'ouvrirait sous ses pas dans un brusque
vertige : elle y marche d'un mouvement insensible,
qui est fait de toutes ces petites défaites dont chacune
en elle-même apparaissait comme une faiblesse presque
innocente. Une fatalité savante et perverse semble
s'ingénier à mettre Phèdre dans une série de situa-
tions ambiguës, qui la font s'engager dans le crime
sans être criminelle encore. À peine Phèdre, épuisée
par une longue résistance et usée par son mal, a-t-elle
fait à Œnone un aveu bien excusable, que la nouvelle

*arrive de la mort de Thésée. Œnone aussitôt de
s'écrier :*

Thésée en expirant vient de rompre les nœuds
Qui faisaient tout le crime et l'horreur de vos feux.

*Phèdre ne saurait faire sienne cette pensée hardie,
mais, tentée par Œnone et séduite par ce hasard men-
teur, elle se laisse ramener à la vie : ses enfants maintenant orphelins ont besoin d'elle. C'est pour eux
qu'elle intercède auprès d'Hippolyte. Le piège du destin était habilement tendu : Phèdre y tombe imman-
quablement. Dans la présence charnelle du jeune
homme, elle oublie tout et s'oublie elle-même ; elle
déclare son amour. Les fureurs de Phèdre sont déchaî-
nées ; elle ne peut ni ne veut plus s'arrêter : « Et l'espoir, malgré moi, s'est glissé dans mon cœur. » C'est
alors que la dérision du sort se montre à plein : Thésée n'était point mort ; il revient : le voici. Il restait à
Phèdre criminelle de devenir meurtrière : anéantie,
elle laisse Œnone accuser Hippolyte, et l'abandonne
à une vengeance garantie par Neptune. Elle se reprend
enfin et va trouver Thésée : c'est pour apprendre de
lui qu'Hippolyte n'était pas insensible ; ivre de jalousie, Phèdre s'en va sans avoir rien dit. Dès lors Neptune peut dépêcher son monstre et Théramène faire
son récit. Le malheur de tous est consommé : Phèdre a
tout perdu.*

*Il ne pouvait en être autrement. Dès avant la tragé-
die, au cours de la fausse existence, qui sert seulement*

à préparer cette journée tragique où les héros vivent et épuisent enfin toute leur vie véritable, Phèdre avait déjà reconnu la toute-puissance de la déesse. C'est d'un mal divin qu'elle est attaquée, et les Remedia amoris *sont vains contre cet « incurable amour ». Dans cette lutte contre sa passion, Phèdre était vaincue avant même d'avoir combattu : la violence de son amour, dès sa naissance, l'empêchait de trouver en elle-même l'origine du « coup de foudre » qui l'avait frappée. « Je reconnus Vénus » s'écrie-t-elle ; simple mortelle contre déesse, la lutte n'est pas égale. Au lieu de chercher en soi-même des armes contre soi, Phèdre trouve au dehors des pratiques pour tenter de conjurer cette force extérieure qui l'accable. C'est Vénus qu'elle veut apaiser. Mais c'est Hippolyte en vérité qui reçoit ses vœux, nouveau dieu dont son amour accomplit l'apothéose : « J'offrais tout à ce Dieu que je n'osais nommer. » — Ce Dieu jaloux se repaît des sacrifices mêmes que l'on fait pour le conjurer. Vénus habite Phèdre dont elle a fait sa proie et se confond avec sa chair la plus intime : Phèdre ne saurait la fuir sans se fuir elle-même. Or, cette malédiction pèse sur des crimes dont Phèdre n'a pas été complice : la « fatale colère », vendetta divine, poursuit en Phèdre sa famille et s'attache à son sang, « déplorable », en effet, puisque Phèdre croit avoir reçu en même temps que lui sa funeste passion, effet d'une haine héréditaire. Un univers tout peuplé de dieux acharnés à punir s'est uni contre Phèdre en une vaste conjuration. Et Phèdre le sait bien, qui s'abandonne : « Tout m'afflige et me nuit et conspire à me nuire. » Il existe une harmonie du monde, un merveilleux accord des choses, pour l'opprimer.*

    Le problème fondamental, on le voit assez, est celui de la responsabilité de Phèdre. S'il est vrai que des fatalités biologiques ou religieuses se concertent pour écraser méthodiquement une victime sans défense, qui n'a aucun moyen de leur échapper, Phèdre est innocente, et sa personnalité se dissout; elle perd toute initiative, et n'est plus qu'un prétexte au déploiement de forces terrifiantes qui sont sans commune mesure avec les siennes. La tragédie se réduirait ainsi à une sorte de pantomime théologique, où les ficelles qui manœuvrent Phèdre, marionnette sacrée, seraient visibles aux yeux du spectateur exercé. Cette interprétation représente un appauvrissement certain. Car il est sur la pièce une autre perspective que celle de la fatalité. Assurément, il s'agit d'une tragédie de la faiblesse; mais on a trop oublié que la faiblesse suppose la force : céder à une pression, c'est encore manifester une certaine résistance, sans laquelle la pression n'aurait pas de sens. Dans son écroulement même, Phèdre témoigne de la grandeur humaine, grandeur chancelante sans doute, et toujours menacée, mais authentique. Phèdre *est un drame de la liberté. Et, si l'on y prend garde, la marche infernale de Phèdre s'explique par des raisons toutes psychologiques et qui n'ont rien de surnaturel : Phèdre se sent possédée*

par Vénus, mais Phèdre seule, la mortelle et la femme,
anime la tragédie. Les hasards mêmes ne prennent
leur signification et leur force funestes que par les
abdications qui les ont précédés.

N'est-il pas évident que Phèdre, au matin de la
journée tragique, aurait pu résister une fois de plus
aux instances d'Œnone ? Phèdre pouvait se laisser
mourir en silence : l'action, tout intérieure, aurait tué
l'acteur, et la tragédie se serait terminée en ce premier acte avec la vie de Phèdre. La vertu du langage
veut que Phèdre en exprimant son amour se dicte à
elle-même sa destinée : le fatum est ici fidèle à son
étymologie. Par son aveu, Phèdre inscrit sa passion
dans l'ordre de la réalité. L'aveu fait à Œnone est la
première faute, et l'on peut s'étonner de ce qu'on ait
jugé chrétienne une pièce où la confession, pratiquée
cependant dans un esprit d'humilité, de remords et de
contrition, apparaît si dangereuse. Il va suffire maintenant d'un événement extérieur, favorable en appa-
rence — comme si la situation de Phèdre pouvait
cesser d'être insoluble — pour que cette scène de las-
situde et de désespoir définitif devienne rétrospective-
ment une cause d'action. En outre, en se confiant à
Œnone, Phèdre se rend vulnérable à ses conseils ;
désormais, pour s'interdire toute démarche propre à
satisfaire son amour, pour se retenir de vivre et d'espérer, Phèdre n'a plus à lutter seulement contre elle-
même et ce monstre en elle, qui veut Hippolyte, sa
proie, elle doit combattre Œnone aussi, qui a son
secret. La nouvelle que Thésée est mort n'est donc

pas seulement un piège de la déesse ; elle tire son efficacité de l'aveu qui la précède. Œnone ne peut jouer
son rôle victorieux de tentatrice que parce qu'elle
sait. « Eh bien ! à tes conseils je me laisse entraîner »,
dit Phèdre. Mais ici encore, Phèdre s'aveugle elle-
même : elle oublie que l'inceste demeure ; elle s'imagine que c'est pour ses enfants qu'elle veut vivre. Sa
sincérité n'est qu'une coupable hypocrisie à soi-
même. Or ce manque de lucidité n'était nullement
inévitable. Bien plus, Phèdre, naïvement habile, fait
de la fatalité l'un des éléments de sa stratégie pas-
sionnée : quand, devant Hippolyte, elle étale le tragique de son destin, n'espère-t-elle pas faire naître
un sentiment qui pourrait précisément la faire échapper à cette destinée tragique ? « Peins-lui Phèdre
mourante », dira-t-elle à Œnone : elle se fait mourante pour ne pas mourir. Dans le déroulement tout
psychologique de la pièce, non seulement l'efficacité
du destin n'apparaît guère, mais encore il semble que
le personnage utilise l'image de la fatalité, tantôt
comme un moyen d'action, tantôt comme une excuse
ou un déguisement de ses faiblesses.

   C'est donc à tort que l'on a opposé l'impuissance
de Phèdre à la conscience qu'elle a de sa responsabilité. Phèdre n'est pas impuissante en droit. Elle se
croit une victime des vengeances célestes ; mais les
dieux ne sont pas autre chose que la personnification
de nos limites ; et Phèdre sait que la revendication de
la liberté est infinie. L'homme doit assumer sa finitude
et les dieux qu'elle fait naître. C'est là le scandale de

la liberté. Racine l'avait fait éclater dès La Thébaïde :
Antigone s'était plainte de ces dieux qui poussaient
ses frères vers la catastrophe, sans toutefois excuser le
crime qu'ils avaient fait commettre. Dans Phèdre,
c'est le même personnage qui commet le crime, qui s'y
sent poussé et qui reconnaît sa culpabilité. Les actions
de Phèdre s'accomplissent aux frontières douteuses
de la liberté humaine : sans cesse elle paraît excusable, sans cesse elle se sait responsable. Phèdre est
un témoin de la liberté. Il y a dans cette pièce beaucoup plus d'humanisme que de christianisme. Il faut
admirer ceux qui, sensibles seulement à l'écrasement
de l'homme dans cette tragédie, ont parlé du jansénisme de Phèdre ; mais pourquoi donc les mêmes
critiques ont-ils oublié de parler du jansénisme de
Sophocle chez qui l'écrasement de l'homme n'est pas
moins impitoyable ? Racine remplit ici la vocation
éternelle de la tragédie, qui est d'orchestrer une médi-
tation sur la situation de l'homme ; comme Platon
dans Er ou la Caverne, il a mis en action sur le théâtre,
servie par toute musique et toute poésie, une explication métaphorique de la condition humaine : en vérité,
la tragédie de Phèdre est un mythe dramatique.

RAYMOND PICARD

Phèdre

TRAGÉDIE

PRÉFACE

Voici encore[1] une tragédie dont le sujet est pris
d'Euripide. Quoique j'aie suivi une route un peu différente de celle de cet auteur pour la conduite de l'action[2], je n'ai pas laissé d'enrichir ma pièce de tout ce
qui m'a paru plus éclatant de la sienne. Quand je ne lui
devrais que la seule idée du caractère de Phèdre, je
pourrais dire que je lui dois ce que j'ai peut-être mis de
plus raisonnable[3] sur le théâtre. Je ne suis point étonné

one line only

1. *Phèdre* vient immédiatement après *Iphigénie*.
2. Dans l'*Hippolyte* d'Euripide, Thésée n'est point cru mort.
Phèdre se pend sans avoir parlé, et laisse une lettre où elle
déclare qu'Hippolyte lui a fait violence. Ce dernier, déchiré par
le monstre, revient mourir sur le théâtre. Aricie n'existe pas ; et
précisément, Hippolyte, héros de la chasteté, a offensé Aphrodite dont la vengeance le poursuit. La protection d'Artémis ne
peut le sauver de la mort, mais la déesse vient du moins sur le
théâtre assister le héros mourant. L'optique de la pièce d'Euripide est donc totalement différente : le drame repose sur la rivalité
des deux déesses, et Hippolyte en est le héros, tandis que Phèdre
reste au second plan, avec un caractère sommairement dessiné.
3. Le fameux *Homerus quandoque dormitat* ne s'applique
guère à Racine, dont l'art conserve toujours une extrême vigi-

que ce caractère ait eu un succès si heureux du temps d'Euripide, et qu'il ait encore si bien réussi dans notre siècle, puisqu'il a toutes les qualités qu'Aristote demande dans le héros de la tragédie, et qui sont propres à exciter la compassion et la terreur. En effet, Phèdre n'est ni tout à fait coupable, ni tout à fait innocente[1]. Elle est engagée par sa destinée, et par la colère des Dieux, dans une passion illégitime dont elle a horreur toute la première. Elle fait tous ses efforts pour la surmonter. Elle aime mieux se laisser mourir que de la déclarer à personne. Et lorsqu'elle est forcée de la découvrir, elle en parle avec une confusion qui fait bien voir que son crime est plutôt une punition des Dieux qu'un mouvement de sa volonté.

J'ai même pris soin de la rendre un peu moins odieuse qu'elle n'est dans les tragédies des Anciens, où elle se résout d'elle-même à accuser Hippolyte. J'ai cru que la calomnie avait quelque chose de trop bas et de trop noir pour la mettre dans la bouche d'une princesse qui a d'ailleurs des sentiments si

lance. Cependant la texture dramatique est plus ou moins serrée : parmi les grandes tragédies, c'est dans *Bérénice* qu'elle l'est le moins, et dans *Phèdre* le plus. À n'en pas douter, ce que Racine appelle *raisonnable*, c'est un caractère qui se développe avec rigueur et clarté : or précisément la progression de Phèdre est marquée avec une netteté subtile qui fait en grande partie la valeur de la pièce. Mais il est étrange que Racine estime devoir tellement à la *Phèdre* d'Euripide dont la sienne est si éloignée.

1. Le problème central, auquel j'ai consacré toute la présentation de cette pièce (voyez p. 14), est en effet celui de la responsabilité de Phèdre.

nobles et si vertueux. Cette bassesse m'a paru plus convenable à une nourrice, qui pouvait avoir des inclinations plus serviles, et qui néanmoins n'entreprend cette fausse accusation que pour sauver la vie et l'honneur de sa maîtresse. Phèdre n'y donne les mains que parce qu'elle est dans une agitation d'esprit qui la met hors d'elle-même, et elle vient un moment après dans le dessein de justifier l'innocence et de déclarer la vérité.

Hippolyte est accusé, dans Euripide et dans Sénèque, d'avoir en effet violé sa belle-mère : *Vim corpus tulit.* Mais il n'est ici accusé que d'en avoir eu le dessein. J'ai voulu épargner à Thésée une confusion qui l'aurait pu rendre moins agréable aux spectateurs.

Pour ce qui est du personnage d'Hippolyte, j'avais remarqué dans les Anciens qu'on reprochait à Euripide de l'avoir représenté comme un philosophe exempt de toute imperfection. Ce qui faisait que la mort de ce jeune prince causait beaucoup plus d'indignation que de pitié. J'ai cru lui devoir donner quelque faiblesse qui le rendrait un peu coupable envers son père, sans pourtant lui rien ôter de cette grandeur d'âme avec laquelle il épargne l'honneur de Phèdre, et se laisse opprimer sans l'accuser. J'appelle faiblesse la passion qu'il ressent malgré lui pour Aricie[1], qui est la fille et la sœur des ennemis mortels de son père.

---

1. La véritable utilité dramatique du personnage d'Aricie, c'est que, selon les lois de l'univers tragique, il est impossible qu'Hippolyte, engagé dans son amour, soit sensible à la passion de Phèdre et à ses séductions. Racine a en outre tiré de cette

Cette Aricie n'est point un personnage de mon invention. Virgile dit qu'Hippolyte l'épousa, et en eut un fils, après qu'Esculape l'eut ressuscité. Et j'ai lu encore dans quelques auteurs qu'Hippolyte avait épousé et emmené en Italie une jeune Athénienne de grande naissance, qui s'appelait Aricie, et qui avait donné son nom à une petite ville d'Italie.

Je rapporte ces autorités, parce que je me suis très scrupuleusement attaché à suivre la fable. J'ai même suivi l'histoire de Thésée telle qu'elle est dans Plutarque.

C'est dans cet historien que j'ai trouvé que ce qui avait donné occasion de croire que Thésée fût descendu dans les enfers pour enlever Proserpine, était un voyage que ce prince avait fait en Épire vers la source de l'Achéron, chez un roi dont Pirithoüs voulait enlever la femme, et qui arrêta Thésée prisonnier après avoir fait mourir Pirithoüs. Ainsi j'ai tâché de conserver la vraisemblance de l'histoire, sans rien perdre des ornements de la fable, qui fournit extrêmement à la poésie. Et le bruit de la mort de Thésée, fondé sur ce voyage fabuleux, donne lieu à Phèdre de faire une déclaration d'amour, qui devient une des principales causes de son malheur, et qu'elle n'aurait jamais osé faire tant qu'elle aurait cru que son mari était vivant.

Au reste, je n'ose encore assurer que cette pièce soit

---

situation la scène de la jalousie de Phèdre, qui a dans l'action l'importance décisive qu'on sait.

en effet la meilleure de mes tragédies. Je laisse et aux lecteurs et au temps à décider de son véritable prix[1]. Ce que je puis assurer, c'est que je n'en ai point fait où la vertu soit plus mise en jour que dans celle-ci. Les moindres fautes y sont sévèrement punies. La seule pensée du crime y est regardée avec autant d'horreur que le crime même. Les faiblesses de l'amour y passent pour de vraies faiblesses. Les passions n'y sont présentées aux yeux que pour montrer tout le désordre dont elles sont cause ; et le vice y est peint partout avec des couleurs qui en font connaître et haïr la difformité. C'est là proprement le but que tout homme qui travaille pour le public doit se proposer[2]. Et c'est ce que les premiers poètes tragiques avaient en vue sur toute chose. Leur théâtre était une école où la vertu n'était pas moins bien enseignée que dans les écoles des philosophes. Aussi Aristote a bien voulu donner des règles du poème dramatique ; et Socrate, le plus sage des philosophes, ne dédaignait pas de mettre la main aux tragédies d'Euripide. Il serait à souhaiter que nos ouvrages fussent aussi solides et aussi pleins d'utiles

1. Il ne faut certes pas réduire tout Racine à *Phèdre*. Mais la préférence évidente de Racine pour cette pièce vient de ce qu'elle remplit d'une façon exceptionnellement heureuse l'une des vocations essentielles de son œuvre : celle d'une tragédie où la fatalité apparaît comme la création délirante de l'amour malheureux. *Andromaque* et *Bajazet* avaient déjà illustré cette tendance.

2. L'intention morale du théâtre a toujours été reconnue par Racine. Certes il insiste ici particulièrement sur cette nécessité mais on ne saurait en aucun cas parler d'une révolution — du moins sur le plan critique — dans les conceptions de Racine.

instructions que ceux de ces poètes. Ce serait peut-être un moyen de réconcilier la tragédie avec quantité de personnes célèbres par leur piété et par leur doctrine, qui l'ont condamnée dans ces derniers temps, et qui en jugeraient sans doute plus favorablement, si les auteurs songeaient autant à instruire leurs spectateurs qu'à les divertir, et s'ils suivaient en cela la véritable intention de la tragédie.

THÉSÉE, fils d'Égée, roi d'Athènes.
PHÈDRE, femme de Thésée, fille de Minos et de Pasiphaé.
HIPPOLYTE, fils de Thésée, et d'Antiope, reine des Amazones.
ARICIE, princesse du sang royal d'Athènes.
ŒNONE, nourrice et confidente de Phèdre.
THÉRAMÈNE, gouverneur d'Hippolyte. → tutor
ISMÈNE, confidente d'Aricie.
PANOPE, femme de la suite de Phèdre.
Gardes.

La scène est à Trézène, ville du Péloponèse.

ACTE PREMIER[1]

SCÈNE PREMIÈRE

HIPPOLYTE, THÉRAMÈNE

HIPPOLYTE

Le dessein en est pris : je pars[2], cher Théramène,
Et quitte le séjour de l'aimable Trézène.
Dans le doute mortel dont je suis agité,
Je commence à rougir de mon oisiveté.

1. Dans l'édition originale (1677), le titre était *Phèdre et Hippolyte* et auparavant *Hippolyte*, si l'on en croit une lettre de Bayle du 4 octobre 1676. Il semble que Racine ne se soit décidé que peu à peu à bien marquer l'originalité de sa pièce par rapport à celle d'Euripide. Le titre actuel est celui de toutes les éditions ultérieures.

2. Cette décision du héros qui semble, dès les premiers vers, vouloir échapper au piège de sa destinée, fait ressortir le tragique. D'un bout de la pièce à l'autre, Hippolyte multiplie les annonces de son départ et les adieux — de fait, il ne quittera pas Trézène où sa mort le retient.

5   Depuis plus de six mois éloigné de mon père,
     J'ignore le destin d'une tête si chère ;
     J'ignore jusqu'aux lieux qui le peuvent cacher.

                         THÉRAMÈNE

     Et dans quels lieux, Seigneur, l'allez-vous donc
                                     [chercher ?
     Déjà, pour satisfaire à votre juste crainte,
10   J'ai couru les deux mers que sépare Corinthe ;
     J'ai demandé Thésée aux peuples de ces bords
     Où l'on voit l'Achéron se perdre chez les morts ;
     J'ai visité l'Élide, et laissant le Ténare,
     Passé jusqu'à la mer qui vit tomber Icare.
15   Sur quel espoir nouveau, dans quels heureux climats
     Croyez-vous découvrir la trace de ses pas ?
     Qui sait même, qui sait si le Roi votre père
     Veut que de son absence on sache le mystère ?
     Et si, lorsque avec vous nous tremblons pour ses jours,
20   Tranquille, et nous cachant de nouvelles amours[1],
     Ce héros n'attend point qu'une amante abusée…

                         HIPPOLYTE

     Cher Théramène, arrête, et respecte Thésée.
     De ses jeunes erreurs désormais revenu,
     Par un indigne obstacle il n'est point retenu ;
25   Et fixant de ses vœux l'inconstance fatale,

     ---

     1. L'inconstance de Thésée fournissait une sorte d'excuse à
     la Phèdre de Sénèque. Il reste une trace de ce thème dans la
     déclaration de Phèdre à Hippolyte, à la scène 5 de l'acte II :
     Volage adorateur de mille objets divers…

Phèdre depuis longtemps ne craint plus de rivale.
Enfin en le cherchant je suivrai mon devoir,
Et je fuirai ces lieux que je n'ose plus voir.

THÉRAMÈNE

Hé ! depuis quand, Seigneur, craignez-vous la présence
De ces paisibles lieux, si chers à votre enfance,   30
Et dont je vous ai vu préférer le séjour
Au tumulte pompeux d'Athène et de la cour[1] ?
Quel péril, ou plutôt quel chagrin vous en chasse ?

HIPPOLYTE

Cet heureux temps n'est plus. Tout a changé de face
Depuis que sur ces bords les Dieux ont envoyé   35
La fille de Minos et de Pasiphaé[2].

THÉRAMÈNE

J'entends. De vos douleurs la cause m'est connue[3].
Phèdre ici vous chagrine, et blesse votre vue.
Dangereuse marâtre à peine elle vous vit,

---

1. Var. : *Au tumulte pompeux d'Athènes, de la cour ?* (1677).
2. La richesse de ce vers n'est pas seulement musicale, comme on l'a tant répété. Racine ne se serait peut-être pas permis une périphrase injustifiée, fût-elle la plus mélodieuse du monde. Mais dans une action où la fatalité du sang joue un si grand rôle, il fallait marquer dès le début la filiation funeste de Phèdre.
3. Nous retrouvons ici par deux fois un des procédés habituels de l'exposition : le confident donne des explications inexactes ; ce qui renseigne le spectateur sur les apparences, tout en donnant occasion au héros de révéler le fond des choses.

40 Que votre exil d'abord signala son crédit.
Mais sa haine sur vous autrefois attachée,
Ou s'est évanouie, ou s'est bien relâchée.
Et d'ailleurs, quels périls vous peut faire courir[1]
Une femme mourante et qui chercher à mourir ?
45 Phèdre, atteinte d'un mal qu'elle s'obstine à taire,
Lasse enfin d'elle-même et du jour qui l'éclaire,
Peut-elle contre vous former quelques desseins ?

HIPPOLYTE

Sa vaine inimitié n'est pas ce que je crains.
Hippolyte en partant fuit une autre ennemie :
50 Je fuis, je l'avoûrai, cette jeune Aricie,
Reste d'un sang fatal conjuré contre nous.

THÉRAMÈNE

Quoi ! vous-même, Seigneur, la persécutez-vous ?
Jamais l'aimable sœur des cruels Pallantides
Trempa-t-elle aux complots de ses frères perfides ?
55 Et devez-vous haïr ses innocents appas ?

HIPPOLYTE

Si je la haïssais, je ne la fuirais pas.

THÉRAMÈNE

Seigneur, m'est-il permis d'expliquer votre fuite ?
Pourriez-vous n'être plus ce superbe Hippolyte,
Implacable ennemi des amoureuses lois,

1. Var. : *Et d'ailleurs quel péril vous peut faire courir* (1677).

Et d'un joug que Thésée a subi tant de fois ? 60
Vénus, par votre orgueil si longtemps méprisée,
Voudrait-elle à la fin justifier Thésée ?
Et vous mettant au rang du reste des mortels,
Vous a-t-elle forcé d'encenser ses autels ?
Aimeriez-vous, Seigneur ? 65

HIPPOLYTE

Ami, qu'oses-tu dire ?
Toi qui connais mon cœur depuis que je respire,
Des sentiments d'un cœur si fier, si dédaigneux,
Peux-tu me demander le désaveu honteux ? *disavowal*
C'est peu qu'avec son lait une mère amazone
M'ait fait sucer encor cet orgueil qui t'étonne ; 70
Dans un âge plus mûr moi-même parvenu,
Je me suis applaudi quand je me suis connu.
Attaché près de moi par un zèle sincère,
Tu me contais alors l'histoire de mon père.
Tu sais combien mon âme, attentive à ta voix, 75
S'échauffait au récit de ses nobles exploits,
Quand tu me dépeignais ce héros intrépide
Consolant les mortels de l'absence d'Alcide,
Les monstres étouffés et les brigands punis,
Procuste, Cercyon, et Scirron, et Sinnis, 80
Et les os dispersés du géant d'Épidaure,
Et la Crète fumant du sang du Minotaure[1].

1. L'effet de cette couleur est très complexe : elle donne à
l'histoire de Phèdre un recul illimité, et elle contrebalance en
quelque sorte le réalisme de la passion ; elle renvoie le spectateur cultivé à sa patrie : la fable grecque ; elle crée une atmo-

Mais quand tu récitais des faits moins glorieux,
Sa foi partout offerte et reçue en cent lieux,
85 Hélène à ses parents dans Sparte dérobée,
Salamine témoin des pleurs de Péribée ;
Tant d'autres, dont les noms lui sont même échappés,
Trop crédules esprits que sa flamme a trompés ;
Ariane aux rochers contant ses injustices,
90 Phèdre enlevée enfin sous de meilleurs auspices ;
Tu sais comme à regret écoutant ce discours,
Je te pressais souvent d'en abréger le cours :
Heureux si j'avais pu ravir à la mémoire
Cette indigne moitié d'une si belle histoire !
95 Et moi-même, à mon tour, je me verrais lié ?
Et les Dieux jusque-là m'auraient humilié ?
Dans mes lâches soupirs d'autant plus méprisable,
Qu'un long amas d'honneurs rend Thésée excusable,
Qu'aucuns monstres par moi domptés jusqu'aujourd'hui
100 Ne m'ont acquis le droit de faillir comme lui.
Quand même ma fierté pourrait s'être adoucie,
Aurais-je pour vainqueur dû choisir Aricie ?
Ne souviendrait-il plus à mes sens égarés
De l'obstacle éternel qui nous a séparés ?
105 Mon père la réprouve ; et par des lois sévères
Il défend de donner des neveux à ses frères :
D'une tige coupable il craint un rejeton ;
Il veut avec leur sœur ensevelir leur nom,
Et que jusqu'au tombeau soumise à sa tutelle,

---

sphère de commencement du monde et de fraîcheur cosmique ;
elle détermine le climat de la *fiction poétique*.

Jamais les feux d'hymen ne s'allument pour elle.   110
Dois-je épouser ses droits contre un père irrité ?
Donnerai-je l'exemple à la témérité ?
Et dans un fol amour ma jeunesse embarquée…

THÉRAMÈNE

Ah ! Seigneur, si votre heure est une fois marquée,
Le Ciel de nos raisons ne sait point s'informer.   115
Thésée ouvre vos[1] yeux en voulant les fermer,
Et sa haine, irritant une flamme rebelle,
Prête à son ennemie une grâce nouvelle.
Enfin d'un chaste amour pourquoi vous effrayer ?
S'il a quelque douceur, n'osez-vous l'essayer ?   120
En croirez-vous toujours un farouche scrupule ?
Craint-on de s'égarer sur les traces d'Hercule ?
Quels courages Vénus n'a-t-elle pas domptés[2] !
Vous-même où seriez-vous, vous qui la combattez,
Si toujours Antiope à ses lois opposée,   125
D'une pudique ardeur n'eût brûlé pour Thésée ?
Mais que sert d'affecter un superbe discours ?
Avouez-le, tout change ; et depuis quelques jours
On vous voit moins souvent, orgueilleux et sauvage,
Tantôt faire voler un char sur le rivage,   130

1. Var. : L'édition de 1697, et elle seule, porte ici *les yeux*, ce qui est certainement une faute d'impression. De même, plus bas, on lit *ennemi* au lieu d'*ennemie*.
2. Hippolyte, comme Antiochus, contribue à donner sa tonalité à la pièce dont il n'est pas le personnage principal. Théramène, en énonçant des maximes sur la fatalité de l'amour, suggère les lois de l'univers tragique.

Tantôt, savant dans l'art par Neptune inventé,
Rendre docile au frein un coursier indompté.
Les forêts de nos cris moins souvent retentissent.
Chargés d'un feu secret, vos yeux s'appesantissent.
135 Il n'en faut point douter : vous aimez, vous brûlez ;
Vous périssez d'un mal que vous dissimulez.
La charmante Aricie a-t-elle su vous plaire[1] ?

                    HIPPOLYTE

Théramène, je pars, et vais chercher mon père.

                    THÉRAMÈNE

Ne verrez-vous point Phèdre avant que de partir,
140 Seigneur ?

                    HIPPOLYTE

         C'est mon dessein : tu peux l'en avertir.
Voyons-la, puisque ainsi mon devoir me l'ordonne.
Mais quel nouveau malheur trouble sa chère Œnone ?

1. Hippolyte n'a fait ici qu'un demi-aveu. Dans cette tragédie psychologique dont le ressort est la passion, l'aveu à soi-
même ou au confident est le premier pas dans l'action ; l'aveu à
l'être aimé est le second : il est décisif. Cinq scènes d'aveux
définissent les facteurs du drame et le déchaînent : elles rem-
plissent les deux premiers actes. C'est l'aveu d'Hippolyte à
Théramène (scène 1, acte I) : il aime Aricie ; l'aveu de Phèdre à
Œnone (scène 3, acte I) : elle aime Hippolyte ; l'aveu d'Aricie à
Ismène (scène 1, acte II) : elle aime Hippolyte ; la déclaration
d'Hippolyte à Aricie (scène 2, acte II) ; la déclaration de Phèdre
à Hippolyte (scène 5, acte II). Dès lors le spectateur connaît les
impasses tragiques où s'engage l'action.

SCÈNE II

HIPPOLYTE, ŒNONE, THÉRAMÈNE

ŒNONE

Hélas ! Seigneur, quel trouble au mien peut être égal ?
La Reine touche presque à son terme fatal.
En vain à l'observer jour et nuit je m'attache :   145
Elle meurt dans mes bras d'un mal qu'elle me cache.
Un désordre éternel règne dans son esprit.
Son chagrin inquiet l'arrache de son lit.
Elle veut voir le jour ; et sa douleur profonde
M'ordonne toutefois d'écarter tout le monde…   150
Elle vient.

HIPPOLYTE

    Il suffit : je la laisse en ces lieux,
Et ne lui montre point un visage odieux.

SCÈNE III

PHÈDRE, ŒNONE

PHÈDRE

N'allons point plus avant. Demeurons, chère Œnone.
Je ne me soutiens plus, ma force m'abandonne.
155 Mes yeux sont éblouis du jour que je revois,
Et mes genoux tremblants se dérobent sous moi[1].
Hélas !

(Elle s'assied.)

ŒNONE

Dieux tout-puissants ! que nos pleurs vous apaisent.

PHÈDRE

Que ces vains ornements, que ces voiles me pèsent !
Quelle importune main, en formant tous ces nœuds,
160 A pris soin sur mon front d'assembler mes cheveux ?
Tout m'afflige et me nuit, et conspire à me nuire.

---

1. Dans toute cette scène on aperçoit avec une netteté particu-
lière comment le développement musical représente et soutient
la progression psychologique. On sera sensible à la douceur las-
sée de l'ouverture.

ŒNONE

Comme on voit tous ses vœux l'un l'autre se détruire !
Vous-même, condamnant vos injustes desseins,
Tantôt à vous parer vous excitiez nos mains ;
Vous-même, rappelant votre force première,   165
Vous vouliez vous montrer et revoir la lumière.
Vous la voyez, Madame, et prête à vous cacher,
Vous haïssez le jour que vous veniez chercher ?

PHÈDRE

Noble et brillant auteur d'une triste famille,
Toi, dont ma mère osait se vanter d'être fille,   170
Qui peut-être rougis du trouble où tu me vois,
Soleil, je te viens voir pour la dernière fois.

ŒNONE

Quoi ! vous ne perdrez point cette cruelle envie ?
Vous verrai-je toujours, renonçant à la vie,
Faire de votre mort les funestes apprêts ?   175

PHÈDRE

Dieux ! que ne suis-je assise à l'ombre des forêts !
Quand pourrai-je, au travers d'une noble poussière,
Suivre de l'œil un char fuyant dans la carrière ?

ŒNONE

Quoi, Madame ?

PHÈDRE

          Insensée, où suis-je ? et qu'ai-je dit ?
180 Où laissé-je égarer mes vœux et mon esprit ?
    Je l'ai perdu : les Dieux m'en ont ravi l'usage.
    Œnone, la rougeur me couvre le visage :
    Je te laisse trop voir mes honteuses douleurs,
    Et mes yeux, malgré moi, se remplissent de pleurs.

ŒNONE

185 Ah ! s'il vous faut rougir, rougissez d'un silence
    Qui de vos maux encore aigrit la violence.
    Rebelle à tous nos soins, sourde à tous nos discours,
    Voulez-vous sans pitié laisser finir vos jours ?
    Quelle fureur les borne au milieu de leur course ?
190 Quel charme ou quel poison en a tari la source ?
    Les ombres par trois fois ont obscurci les cieux
    Depuis que le sommeil n'est entré dans vos yeux ;
    Et le jour a trois fois chassé la nuit obscure
    Depuis que votre corps languit sans nourriture[1].
195 À quel affreux dessein vous laissez-vous tenter ?
    De quel droit sur vous-même osez-vous attenter ?
    Vous offensez les Dieux auteurs de votre vie ;
    Vous trahissez l'époux à qui la foi vous lie ;

1. Les exhortations d'Œnone sont conformes aux enseigne-
ments de la rhétorique ; plus haut, on note les symétries « Vous-
même... vous-même », et plus bas « Vous trahissez... vous
trahissez... » ; ici, c'est la célèbre périphrase qui signifie noblement en quatre vers que Phèdre n'a ni mangé, ni dormi depuis
trois jours.

Vous trahissez enfin vos enfants malheureux,
Que vous précipitez sous un joug rigoureux.   200
Songez qu'un même jour leur ravira leur mère,
Et rendra l'espérance au fils de l'étrangère,
À ce fier ennemi de vous, de votre sang,
Ce fils qu'une Amazone a porté dans son flanc,
Cet Hippolyte…   205

PHÈDRE

Ah, Dieux !

ŒNONE

                    Ce reproche vous touche.

PHÈDRE

Malheureuse, quel nom est sorti de ta bouche[1] ?

ŒNONE

Hé bien ! votre colère éclate avec raison :
J'aime à vous voir frémir à ce funeste nom.
Vivez donc. Que l'amour, le devoir vous excite.
Vivez, ne souffrez pas que le fils d'une Scythe,   210
Accablant vos enfants d'un empire odieux,
Commande au plus beau sang de la Grèce et des Dieux.
Mais ne différez point : chaque moment vous tue.
Réparez promptement votre force abattue,

1. Le *verbe* participe de l'*être* ; le nom est une *évocation* de
la personne, comme on voit assez par les deux sens du mot
appeler.

215 Tandis que de vos jours, prêts à se consumer,
Le flambeau dure encore, et peut se rallumer.

PHÈDRE

J'en ai trop prolongé la coupable durée.

ŒNONE

Quoi ? de quelques remords êtes-vous déchirée ?
Quel crime a pu produire un trouble si pressant ?
220 Vos mains n'ont point trempé dans le sang innocent ?

PHÈDRE

Grâces au ciel, mes mains ne sont point criminelles.
Plût aux Dieux que mon cœur fût innocent comme elles !

ŒNONE

Et quel affreux projet avez-vous enfanté,
Dont votre cœur encor doive être épouvanté ?

PHÈDRE

225 Je t'en ai dit assez. Épargne-moi le reste.
Je meurs, pour ne point faire un aveu si funeste.

ŒNONE

Mourez donc, et gardez un silence inhumain ;
Mais pour fermer vos yeux cherchez une autre main.
Quoiqu'il vous reste à peine une faible lumière,
230 Mon âme chez les morts descendra la première.
Mille chemins ouverts y conduisent toujours,
Et ma juste douleur choisira les plus courts.

Cruelle, quand ma foi vous a-t-elle déçue ?
Songez-vous qu'en naissant mes bras vous ont reçue ?
Mon pays, mes enfants, pour vous j'ai tout quitté.   235
Réserviez-vous ce prix à ma fidélité ?

PHÈDRE

Quel fruit espères-tu de tant de violence ?
Tu frémiras d'horreur si je romps le silence.

ŒNONE

Et que me direz-vous qui ne cède, grands Dieux !
À l'horreur de vous voir expirer à mes yeux ?   240

PHÈDRE

Quand tu sauras mon crime, et le sort qui m'accable,
Je n'en mourrai pas moins, j'en mourrai plus coupable.

ŒNONE

Madame, au nom des pleurs que pour vous j'ai versés,
Par vos faibles genoux que je tiens embrassés,
Délivrez mon esprit de ce funeste doute.   245

PHÈDRE

Tu le veux. Lève-toi.

ŒNONE

                    Parlez : je vous écoute.

PHÈDRE

Ciel ! que lui vais-je dire ? Et par où commencer ?

ŒNONE

Par de vaines frayeurs cessez de m'offenser.

PHÈDRE

Ô haine de Vénus ! Ô fatale colère !
250 Dans quels égarements l'amour jeta ma mère !

ŒNONE

Oublions-les, Madame. Et qu'à tout l'avenir
Un silence éternel cache ce souvenir.

PHÈDRE

Ariane, ma sœur ! de quel amour blessée,
Vous mourûtes aux bords où vous fûtes laissée !

ŒNONE

255 Que faites-vous, Madame ? Et quel mortel ennui
Contre tout votre sang vous anime aujourd'hui ?

PHÈDRE

Puisque Vénus le veut, de ce sang déplorable
Je péris la dernière, et la plus misérable.

ŒNONE

Aimez-vous ?

PHÈDRE

De l'amour j'ai toutes les fureurs.

ŒNONE

Pour qui? 260

PHÈDRE

Tu vas ouïr le comble des horreurs.
J'aime… À ce nom fatal, je tremble, je frissonne.
J'aime…

ŒNONE

Qui?

PHÈDRE

Tu connais ce fils de l'Amazone,
Ce prince si longtemps par moi-même opprimé?

ŒNONE

Hippolyte! Grands Dieux!

PHÈDRE

C'est toi qui l'as nommé[1].

ŒNONE

Juste ciel! tout mon sang dans mes veines se glace. 265
Ô désespoir! ô crime! ô déplorable race!

1. Phèdre sait que l'aveu est action, mais précisément elle
s'est jusqu'alors refusée à agir, et elle ne peut se résoudre à prononcer elle-même le nom d'Hippolyte. En outre, voyez la note
qui précède.

Voyage infortuné ! Rivage malheureux,
Fallait-il approcher de tes bords dangereux ?

PHÈDRE

Mon mal vient de plus loin. À peine au fils d'Égée
270 Sous les lois de l'hymen je m'étais engagée,
Mon repos, mon bonheur semblait être affermi,
Athènes me montra mon superbe ennemi.
Je le vis, je rougis, je pâlis à sa vue ;
Un trouble s'éleva dans mon âme éperdue ;
275 Mes yeux ne voyaient plus, je ne pouvais parler ;
Je sentis tout mon corps et transir et brûler[1].
Je reconnus Vénus et ses feux redoutables,
D'un sang qu'elle poursuit tourments inévitables.
Par des vœux assidus je crus les détourner :
280 Je lui bâtis un temple, et pris soin de l'orner ;
De victimes moi-même à toute heure entourée,
Je cherchais dans leurs flancs ma raison égarée.
D'un incurable amour remèdes impuissants !
En vain sur les autels ma main brûlait l'encens :
285 Quand ma bouche implorait le nom de la Déesse,
J'adorais Hippolyte ; et le voyant sans cesse,
Même au pied des autels que je faisais fumer,
J'offrais tout à ce Dieu que je n'osais nommer.
Je l'évitais partout. Ô comble de misère !
290 Mes yeux le retrouvaient dans les traits de son père.

1. Cette description des effets physiques de l'amour rend présente la réalité charnelle de Phèdre. Il ne s'agit ni d'un exercice
rhétorique, ni d'une allégorie : la valeur exemplaire du personnage résulte de l'authenticité de son témoignage.

Contre moi-même enfin j'osai me révolter :
J'excitai mon courage à le persécuter.
Pour bannir l'ennemi dont j'étais idolâtre,
J'affectai les chagrins d'une injuste marâtre ;
Je pressai son exil, et mes cris éternels   295
L'arrachèrent du sein et des bras paternels.
Je respirais, Œnone ; et depuis son absence,
Mes jours moins agités coulaient dans l'innocence.
Soumise à mon époux, et cachant mes ennuis,
De son fatal hymen je cultivais les fruits.   300
Vaines précautions ! Cruelle destinée !
Par mon époux lui-même à Trézène amenée,
J'ai revu l'ennemi que j'avais éloigné :
Ma blessure trop vive aussitôt a saigné.
Ce n'est plus une ardeur dans mes veines cachée :   305
C'est Vénus tout[1] entière à sa proie attachée.
J'ai conçu pour mon crime une juste terreur ;
J'ai pris la vie en haine, et ma flamme en horreur.
Je voulais en mourant prendre soin de ma gloire,
Et dérober au jour une flamme si noire :   310
Je n'ai pu soutenir tes larmes, tes combats ;
Je t'ai tout avoué ; je ne m'en repens pas,
Pourvu que de ma mort respectant les approches,
Tu ne m'affliges plus par d'injustes reproches,
Et que tes vains secours cessent de rappeler   315
Un reste de chaleur tout prêt à s'exhaler.

1. Toutes les éditions du XVIIᵉ siècle portent *toute entière*.

SCÈNE IV

PHÈDRE, ŒNONE, PANOPE

PANOPE

Je voudrais vous cacher une triste nouvelle,
Madame; mais il faut que je vous la révèle.
La mort vous a ravi votre invincible époux,
320 Et ce malheur n'est plus ignoré que de vous.

ŒNONE

Panope, que dis-tu?

PANOPE

                    Que la Reine abusée
En vain demande au ciel le retour de Thésée,
Et que par des vaisseaux arrivés dans le port
Hippolyte son fils vient d'apprendre sa mort.

PHÈDRE

325 Ciel!

PANOPE

          Pour le choix d'un maître Athènes se partage.
Au Prince votre fils l'un donne son suffrage,
Madame; et de l'État l'autre oubliant les lois,
Au fils de l'étrangère ose donner sa voix.
On dit même qu'au trône une brigue insolente

Veut placer Aricie et le sang de Pallante.   330
J'ai cru de ce péril vous devoir avertir.
Déjà même Hippolyte est tout prêt à partir ;
Et l'on craint, s'il paraît dans ce nouvel orage,
Qu'il n'entraîne après lui tout un peuple volage.

ŒNONE

Panope, c'est assez. La Reine, qui t'entend,   335
Ne négligera point cet avis important.

SCÈNE V

PHÈDRE, ŒNONE

ŒNONE

Madame, je cessais de vous presser de vivre ;
Déjà même au tombeau je songeais à vous suivre ;
Pour vous en détourner je n'avais plus de voix ;
Mais ce nouveau malheur vous prescrit d'autres lois.   340
Votre fortune change et prend une autre face :
Le Roi n'est plus, Madame, il faut prendre sa place.
Sa mort vous laisse un fils à qui vous vous devez,
Esclave s'il vous perd, et roi si vous vivez.
Sur qui, dans son malheur, voulez-vous qu'il s'appuie ?   345
Ses larmes n'auront plus de main qui les essuie ;
Et ses cris innocents, portés jusques aux Dieux,
Iront contre sa mère irriter ses aïeux.
Vivez, vous n'avez plus de reproche à vous faire :

350 Votre flamme devient une flamme ordinaire.
Thésée en expirant vient de rompre les nœuds
Qui faisaient tout le crime et l'horreur de vos feux.
Hippolyte pour vous devient moins redoutable,
Et vous pouvez le voir sans vous rendre coupable.
355 Peut-être convaincu de votre aversion,
Il va donner un chef à la sédition.
Détrompez son erreur, fléchissez son courage.
Roi de ces bords heureux, Trézène est son partage ;
Mais il sait que les lois donnent à votre fils
360 Les superbes remparts que Minerve a bâtis.
Vous avez l'un et l'autre une juste ennemie :
Unissez-vous tous deux pour combattre Aricie[1].

PHÈDRE

Hé bien ! à tes conseils je me laisse entraîner.
Vivons, si vers la vie on peut me ramener,
365 Et si l'amour d'un fils en ce moment funeste
De mes faibles esprits peut ranimer le reste.

1. Œnone construit aussitôt un plan de campagne : Phèdre
moribonde, sauvée par la mort de Thésée, a trop de retenue et pas
assez de fougue pour le faire elle-même, comme Oreste. Les
devoirs politiques feront passer les satisfactions amoureuses en
contrebande. Phèdre, la reine, se doit à ses enfants, qui ont deux
rivaux : Hippolyte et Aricie. Il est naturel que Phèdre s'unisse à
l'un d'eux pour évincer l'autre. Ainsi, la politique servira d'en-
tremetteuse. Œnone s'attache à convaincre Phèdre, d'abord que
son amour n'est plus criminel, et ensuite qu'elle doit rencontrer
Hippolyte et se rapprocher de lui dans l'intérêt de ses enfants.
Mais, tandis qu'Œnone donne ses conseils et que Phèdre commence d'espérer, le spectateur sait déjà que toute cette construction
est vaine, car Hippolyte aime Aricie, et, comme on va l'apprendre dès le début du deuxième acte, il en est aimé.

ACTE II

SCÈNE PREMIÈRE

ARICIE, ISMÈNE

ARICIE

Hippolyte demande à me voir en ce lieu ?
Hippolyte me cherche, et veut me dire adieu ?
Ismène, dis-tu vrai ? N'es-tu point abusée ?

ISMÈNE

C'est le premier effet de la mort de Thésée.   370
Préparez-vous, Madame, à voir de tous côtés
Voler vers vous les cœurs par Thésée écartés.
Aricie à la fin de son sort est maîtresse,
Et bientôt à ses pieds verra toute la Grèce.

ARICIE

375　Ce n'est donc point, Ismène, un bruit mal affermi?
Je cesse d'être esclave, et n'ai plus d'ennemi?

ISMÈNE

Non, Madame, les Dieux ne vous sont plus contraires,
Et Thésée a rejoint les mânes de vos frères.

ARICIE

Dit-on quelle aventure a terminé ses jours?

ISMÈNE

380　On sème de sa mort d'incroyables discours.
On dit que ravisseur d'une amante nouvelle
Les flots ont englouti cet époux infidèle.
On dit même, et ce bruit est partout répandu,
Qu'avec Pirithoüs aux enfers descendu,
385　Il a vu le Cocyte et les rivages sombres,
Et s'est montré vivant aux infernales ombres;
Mais qu'il n'a pu sortir de ce triste séjour,
Et repasser les bords qu'on passe sans retour.

ARICIE

Croirai-je qu'un mortel avant sa dernière heure
390　Peut pénétrer des morts la profonde demeure?
Quel charme l'attirait sur ces bords redoutés?

ISMÈNE

Thésée est mort, Madame, et vous seule en doutez :
Athènes en gémit, Trézène en est instruite,
Et déjà pour son roi reconnaît Hippolyte.
Phèdre, dans ce palais, tremblante pour son fils,   395
De ses amis troublés demande les avis.

ARICIE

Et tu crois que pour moi plus humain que son père,
Hippolyte rendra ma chaîne plus légère ?
Qu'il plaindra mes malheurs ?

ISMÈNE

                          Madame, je le croi.

ARICIE

L'insensible Hippolyte est-il connu de toi ?   400
Sur quel frivole espoir penses-tu qu'il me plaigne,
Et respecte en moi seule un sexe qu'il dédaigne ?
Tu vois depuis quel temps il évite nos pas,
Et cherche tous les lieux où nous ne sommes pas.

ISMÈNE

Je sais de ses froideurs tout ce que l'on récite ;   405
Mais j'ai vu près de vous ce superbe Hippolyte ;
Et même, en le voyant, le bruit de sa fierté
A redoublé pour lui ma curiosité.
Sa présence à ce bruit n'a point paru répondre :
Dès vos premiers regards je l'ai vu se confondre.   410

Ses yeux, qui vainement voulaient vous éviter,
Déjà pleins de langueur, ne pouvaient vous quitter.
Le nom d'amant peut-être offense son courage ;
Mais il en a les yeux, s'il n'en a le langage.

ARICIE

415 Que mon cœur, chère Ismène, écoute avidement
Un discours qui peut-être a peu de fondement !
Ô toi qui me connais, te semblait-il croyable
Que le triste jouet d'un sort impitoyable,
Un cœur toujours nourri d'amertume et de pleurs,
420 Dût connaître l'amour et ses folles douleurs ?
Reste du sang d'un roi, noble fils de la terre,
Je suis seule échappée aux fureurs de la guerre.
J'ai perdu, dans la fleur de leur jeune saison,
Six frères, quel espoir d'une illustre maison !
425 Le fer moissonna tout, et la terre humectée
But à regret le sang des neveux d'Érechthée[1].
Tu sais, depuis leur mort, quelle sévère loi
Défend à tous les Grecs de soupirer pour moi :
On craint que de la sœur les flammes téméraires
430 Ne raniment un jour la cendre de ses frères.
Mais tu sais bien aussi de quel œil dédaigneux
Je regardais ce soin d'un vainqueur soupçonneux.
Tu sais que de tout temps à l'amour opposée[2],

1. Racine recrée la mythologie et remonte à la source des métaphores : les fils de la terre sont *moissonnés*.
2. Aricie est une sorte de symétrique féminin d'Hippolyte : c'est même fierté, même délicatesse, même amour. Cette admirable harmonie des deux héros n'a de place dans la tragédie que parce qu'elle est une source plus pure d'émotion et de malheur.

Je rendais souvent grâce à l'injuste Thésée
Dont l'heureuse rigueur secondait mes mépris.   435
Mes yeux alors, mes yeux n'avaient pas vu son fils.
Non que par les yeux seuls lâchement enchantée,
J'aime en lui sa beauté, sa grâce tant vantée,
Présents dont la nature a voulu l'honorer,
Qu'il méprise lui-même, et qu'il semble ignorer.   440
J'aime, je prise en lui de plus nobles richesses,
Les vertus de son père, et non point les faiblesses.
J'aime, je l'avoûrai, cet orgueil généreux
Qui jamais n'a fléchi sous le joug amoureux.
Phèdre en vain s'honorait des soupirs de Thésée :   445
Pour moi, je suis plus fière, et fuis la gloire aisée
D'arracher un hommage à mille autres offert,
Et d'entrer dans un cœur de toutes parts ouvert.
Mais de faire fléchir un courage inflexible,
De porter la douleur dans une âme insensible,   450
D'enchaîner un captif de ses fers étonné,
Contre un joug qui lui plaît vainement mutiné :
C'est là ce que je veux, c'est là ce qui m'irrite.
Hercule à désarmer coûtait moins qu'Hippolyte,
Et vaincu plus souvent, et plus tôt surmonté,   455
Préparait moins de gloire aux yeux qui l'ont dompté.
Mais, chère Ismène, hélas ! quelle est mon imprudence !
On ne m'opposera que trop de résistance.
Tu m'entendras peut-être, humble dans mon ennui,
Gémir du même orgueil que j'admire aujourd'hui.   460
Hippolyte aimerait ? Par quel bonheur extrême
Aurais-je pu fléchir…

ISMÈNE

Vous l'entendrez lui-même :
Il vient à vous.

SCÈNE II

HIPPOLYTE, ARICIE, ISMÈNE

HIPPOLYTE

Madame, avant que de partir,
J'ai cru de votre sort vous devoir avertir.
465 Mon père ne vit plus. Ma juste défiance
Présageait les raisons de sa trop longue absence :
La mort seule, bornant ses travaux éclatants,
Pouvait à l'univers le cacher si longtemps.
Les Dieux livrent enfin à la Parque homicide
470 L'ami, le compagnon, le successeur d'Alcide.
Je crois que votre haine, épargnant ses vertus,
Écoute sans regret ces noms qui lui sont dus.
Un espoir adoucit ma tristesse mortelle :
Je puis vous affranchir d'une austère tutelle.
475 Je révoque des lois dont j'ai plaint la rigueur :
Vous pouvez disposer de vous, de votre cœur ;
Et dans cette Trézène, aujourd'hui mon partage,
De mon aïeul Pitthée autrefois l'héritage,
Qui m'a sans balancer reconnu pour son roi,
480 Je vous laisse aussi libre, et plus libre que moi.

ARICIE

Modérez des bontés dont l'excès m'embarrasse.
D'un soin si généreux honorer ma disgrâce,
Seigneur, c'est me ranger, plus que vous ne pensez,
Sous ces austères lois dont vous me dispensez.

HIPPOLYTE

Du choix d'un successeur Athènes incertaine,   485
Parle de vous, me nomme, et le fils de la Reine.

ARICIE

De moi, Seigneur?

HIPPOLYTE

                          Je sais, sans vouloir me flatter,
Qu'une superbe loi semble me rejeter.
La Grèce me reproche une mère étrangère.
Mais si pour concurrent je n'avais que mon frère,   490
Madame, j'ai sur lui de véritables droits
Que je saurais sauver du caprice des lois.
Un frein plus légitime arrête mon audace :
Je vous cède, ou plutôt je vous rends une place,
Un sceptre que jadis vos aïeux ont reçu   495
De ce fameux mortel que la terre a conçu.
L'adoption le mit entre les mains d'Égée.
Athènes, par mon père accrue et protégée,
Reconnut avec joie un roi si généreux,
Et laissa dans l'oubli vos frères malheureux.   500
Athènes dans ses murs maintenant vous rappelle.

Assez elle a gémi d'une longue querelle,
Assez dans ses sillons votre sang englouti
A fait fumer le champ dont il était sorti.
505   Trézène m'obéit. Les campagnes de Crète
Offrent au fils de Phèdre une riche retraite.
L'Attique est votre bien. Je pars, et vais pour vous
Réunir tous les vœux partagés entre nous.

ARICIE

De tout ce que j'entends étonnée et confuse,
510   Je crains presque, je crains qu'un songe ne m'abuse.
Veillé-je ? Puis-je croire un semblable dessein ?
Quel Dieu, Seigneur, quel Dieu l'a mis dans votre sein ?
Qu'à bon droit votre gloire en tous lieux est semée !
Et que la vérité passe la renommée !
515   Vous-même en ma faveur vous voulez vous trahir !
N'était-ce pas assez de ne me point haïr ?
Et d'avoir si longtemps pu défendre votre âme
De cette inimitié…

HIPPOLYTE

                    Moi, vous haïr, Madame ?
Avec quelques couleurs qu'on ait peint ma fierté,
520   Croit-on que dans ses flancs un monstre m'ait porté ?
Quelles sauvages mœurs, quelle haine endurcie
Pourrait, en vous voyant, n'être point adoucie ?
Ai-je pu résister au charme décevant…

ARICIE

Quoi, Seigneur ?

HIPPOLYTE

Je me suis engagé trop avant.
Je vois que la raison cède à la violence.   525
Puisque j'ai commencé de rompre le silence,
Madame, il faut poursuivre : il faut vous informer
D'un secret que mon cœur ne peut plus renfermer.
  Vous voyez devant vous un prince déplorable,
D'un téméraire orgueil exemple mémorable.   530
Moi, qui contre l'amour fièrement révolté,
Aux fers de ses captifs ai longtemps insulté ;
Qui des faibles mortels déplorant les naufrages,
Pensais toujours du bord contempler les orages ;
Asservi maintenant sous la commune loi,   535
Par quel trouble me vois-je emporté loin de moi ?
Un moment a vaincu mon audace imprudente :
Cette âme si superbe est enfin dépendante.
Depuis près de six mois, honteux, désespéré,
Portant partout le trait dont je suis déchiré,   540
Contre vous, contre moi, vainement je m'éprouve :
Présente, je vous fuis ; absente, je vous trouve ;
Dans le fond des forêts votre image me suit ;
La lumière du jour, les ombres de la nuit,
Tout retrace à mes yeux les charmes que j'évite ;   545
Tout vous livre à l'envi le rebelle Hippolyte.
Moi-même, pour tout fruit de mes soins superflus,
Maintenant je me cherche, et ne me trouve plus.
Mon arc, mes javelots, mon char, tout m'importune ;
Je ne me souviens plus des leçons de Neptune ;   550
Mes seuls gémissements font retentir les bois,

Et mes coursiers oisifs ont oublié ma voix[1].
    Peut-être le récit d'un amour si sauvage
Vous fait en m'écoutant rougir de votre ouvrage.
555 D'un cœur qui s'offre à vous quel farouche entretien !
Quel étrange captif pour un si beau lien !
Mais l'offrande à vos yeux en doit être plus chère.
Songez que je vous parle une langue étrangère,
Et ne rejetez pas des vœux mal exprimés,
560 Qu'Hippolyte sans vous n'aurait jamais formés.

SCÈNE III

HIPPOLYTE, ARICIE, THÉRAMÈNE, ISMÈNE

THÉRAMÈNE

Seigneur, la Reine vient, et je l'ai devancée.
Elle vous cherche.

HIPPOLYTE

Moi ?

---

1. Ce morceau élégiaque, sans suspendre l'action — dont
l'amour d'Hippolyte pour Aricie est une des conditions essentielles — est une sorte de repos lyrique et joue à peu près le rôle,
dans la tragédie grecque, d'un chœur qui chanterait la puissance
d'Aphrodite.

THÉRAMÈNE

J'ignore sa pensée,
Mais on vous est venu demander de sa part.
Phèdre veut vous parler avant votre départ.

HIPPOLYTE

Phèdre ? Que lui dirai-je ? Et que peut-elle attendre… 555

ARICIE

Seigneur, vous ne pouvez refuser de l'entendre.
Quoique trop convaincu de son inimitié,
Vous devez à ses pleurs quelque ombre de pitié.

HIPPOLYTE

Cependant vous sortez. Et je pars. Et j'ignore
Si je n'offense point les charmes que j'adore. 570
J'ignore si ce cœur que je laisse en vos mains…

ARICIE

Partez, Prince, et suivez vos généreux desseins.
Rendez de mon pouvoir Athènes tributaire.
J'accepte tous les dons que vous me voulez faire.
Mais cet Empire enfin si grand, si glorieux, 575
N'est pas de vos présents le plus cher à mes yeux.

SCÈNE IV

HIPPOLYTE, THÉRAMÈNE

HIPPOLYTE

Ami, tout est-il prêt? Mais la Reine s'avance.
Va, que pour le départ tout s'arme en diligence.
Fais donner le signal, cours, ordonne et revien
580 Me délivrer bientôt d'un fâcheux entretien.

SCÈNE V

PHÈDRE, HIPPOLYTE, ŒNONE

PHÈDRE, *à Œnone*.

Le voici. Vers mon cœur tout mon sang se retire.
J'oublie, en le voyant, ce que je viens lui dire[1].

ŒNONE

Souvenez-vous d'un fils qui n'espère qu'en vous.

---

1. Phèdre est égarée, mais sa passion pense pour elle. Toute
cette scène où Phèdre passe insensiblement de la mère à l'épouse,
de l'épouse à l'amante, révèle un art de la séduction, qui, pour
être instinctif, n'en est pas moins suprêmement habile.

PHÈDRE

On dit qu'un prompt départ vous éloigne de nous,
Seigneur. À vos douleurs je viens joindre mes larmes.   585
Je vous viens pour un fils expliquer mes alarmes.
Mon fils n'a plus de père, et le jour n'est pas loin
Qui de ma mort encor doit le rendre témoin.
Déjà mille ennemis attaquent son enfance ;
Vous seul pouvez contre eux embrasser sa défense.   590
Mais un secret remords agite mes esprits.
Je crains d'avoir fermé votre oreille à ses cris.
Je tremble que sur lui votre juste colère
Ne poursuive bientôt une odieuse mère.

HIPPOLYTE

Madame, je n'ai point des sentiments si bas.   595

PHÈDRE

Quand vous me haïriez, je ne m'en plaindrais pas,
Seigneur. Vous m'avez vue attachée à vous nuire ;
Dans le fond de mon cœur vous ne pouviez pas lire.
À votre inimitié j'ai pris soin de m'offrir.
Aux bords que j'habitais je n'ai pu vous souffrir.   600
En public, en secret, contre vous déclarée,
J'ai voulu par des mers en être séparée ;
J'ai même défendu par une expresse loi
Qu'on osât prononcer votre nom devant moi.
Si pourtant à l'offense on mesure la peine,   605
Si la haine peut seule attirer votre haine,

Jamais femme ne fut plus digne de pitié,
Et moins digne, Seigneur, de votre inimitié.

HIPPOLYTE

Des droits de ses enfants une mère jalouse
610 Pardonne rarement au fils d'une autre épouse.
Madame, je le sais. Les soupçons importuns
Sont d'un second hymen les fruits les plus communs.
Toute autre aurait pour moi pris les mêmes ombrages[1],
Et j'en aurais peut-être essuyé plus d'outrages.

PHÈDRE

615 Ah! Seigneur, que le Ciel, j'ose ici l'attester,
De cette loi commune a voulu m'excepter!
Qu'un soin bien différent me trouble et me dévore!

HIPPOLYTE

Madame, il n'est pas temps de vous troubler encore.
Peut-être votre époux voit encore le jour;
620 Le ciel peut à nos pleurs accorder son retour.
Neptune le protège, et ce Dieu tutélaire
Ne sera pas en vain imploré par mon père[2].

  1. Hippolyte n'a pour Phèdre que des sentiments généraux,
de pure convenance. Phèdre aimerait mieux une haine singulière qui marquerait du moins une préférence.
  2. C'est ici une annonce du dénouement, faite par la victime
elle-même. Racine se plaît à répandre ainsi au long de l'action
des semences de la fatalité tragique.

PHÈDRE

On ne voit point deux fois le rivage des morts,
Seigneur. Puisque Thésée a vu les sombres bords,
En vain vous espérez qu'un Dieu vous le renvoie,   625
Et l'avare Achéron ne lâche point sa proie[1].
Que dis-je? Il n'est point mort, puisqu'il respire en vous.
Toujours devant mes yeux je crois voir mon époux[2].
Je le vois, je lui parle, et mon cœur… Je m'égare,
Seigneur; ma folle ardeur malgré moi se déclare.   630

HIPPOLYTE

Je vois de votre amour l'effet prodigieux.
Tout mort qu'il est, Thésée est présent à vos yeux;
Toujours de son amour votre âme est embrasée.

PHÈDRE

Oui, Prince, je languis, je brûle pour Thésée.
Je l'aime, non point tel que l'ont vu les enfers,   635
Volage adorateur de mille objets divers,
Qui va du Dieu des morts déshonorer la couche[3];

1. Il semble que Phèdre avant sa déclaration ait besoin de se
rassurer : Thésée est bien mort. Elle *peut* aimer.
2. On voit ici mêlés et confondus l'honnêteté de Phèdre et
les calculs de sa passion. Le farouche Hippolyte ne pourrait
assurément souffrir que Phèdre lui parle d'amour. La vertueuse
Phèdre, qui décidément ne peut brûler que pour son époux, pour
aimer Hippolyte, le déguise en Thésée. Voici donc la déclaration rendue possible : Thésée est mort; c'est à Thésée vivant
que Phèdre se confie, du moins fidèle au nom.
3. La séduction ainsi subtilement préparée commence. Thé-

aveu de Phèdre

Mais fidèle, mais fier, et même un peu farouche,
Charmant, jeune, traînant tous les cœurs après soi,
640 Tel qu'on dépeint nos Dieux, ou tel que je vous voi.
Il avait votre port, vos yeux, votre langage,
Cette noble pudeur colorait son visage,
Lorsque de notre Crète il traversa les flots,
Digne sujet des vœux des filles de Minos.
645 Que faisiez-vous alors ? Pourquoi sans Hippolyte
Des héros de la Grèce assembla-t-il l'élite ?
Pourquoi, trop jeune encor, ne pûtes-vous alors
Entrer dans le vaisseau qui le mit sur nos bords ?
Par vous aurait péri le monstre de la Crète,
650 Malgré tous les détours de sa vaste retraite.
Pour en développer l'embarras incertain,
Ma sœur du fil fatal eût armé votre main[1].

———

sée s'est démenti : du Thésée véritable il garda le seul nom. Et
c'est le faux Thésée qui usurpa la légende de Thésée et la couche
de Phèdre. Hippolyte est le vrai Thésée, et Phèdre recommence
avec lui sa vie et les exploits du héros.

1. Les irréels du passé, qui expriment cet impossible retour,
cette existence qui ne se peut refaire avec Hippolyte *trop jeune*,
alors absent au rendez-vous, sont en vérité une invitation à un
avenir commun où Phèdre enfin, accompagnant le véritable Thésée, pourra descendre au Labyrinthe, où Hippolyte tuera quelque
nouveau monstre de Crète, le vrai monstre, et que la légende lui
a réservé, pense Phèdre, de toute éternité. Phèdre, dans sa passion, croit agir ainsi sur Hippolyte et forcer son amour, par cette
imaginaire complicité passée, qu'elle développe devant lui.
Dans son transport, elle est retournée aux sources mêmes de
l'amour : elle a préparé un philtre pour Hippolyte. Sa déclaration
est une incantation. Elle modèle une image d'Hippolyte et la
montre à ses côtés, nécessaire et absente, pendant toute sa vie

Mais non, dans ce dessein je l'aurais devancée :
L'amour m'en eût d'abord inspiré la pensée.
C'est moi, Prince, c'est moi dont l'utile secours   655
Vous eût du Labyrinthe enseigné les détours.
Que de soins m'eût coûtés cette tête charmante !
Un fil n'eût point assez rassuré votre amante.
Compagne du péril qu'il vous fallait chercher,
Moi-même devant vous j'aurais voulu marcher ;   660
Et Phèdre au Labyrinthe avec vous descendue
Se serait avec vous retrouvée, ou perdue.

HIPPOLYTE

Dieux ! qu'est-ce que j'entends ? Madame, oubliez-vous
Que Thésée est mon père et qu'il est votre époux ?

PHÈDRE

Et sur quoi jugez-vous que j'en perds la mémoire,   665
Prince ? Aurais-je perdu tout le soin de ma gloire ?

HIPPOLYTE

Madame, pardonnez. J'avoue, en rougissant,
Que j'accusais à tort un discours innocent.
Ma honte ne peut plus soutenir votre vue ;
Et je vais…   670

— c'est ainsi qu'elle entraînera le héros, magicienne sans dessein de l'être. Le rêve de Phèdre, intermède poétique, est sans
cesse action.

PHÈDRE

Ah ! cruel, tu m'as trop entendue.
Je t'en ai dit assez pour te tirer d'erreur.
Hé bien ! connais donc Phèdre et toute sa fureur.
J'aime. Ne pense pas qu'au moment que je t'aime,
Innocente à mes yeux je m'approuve moi-même,
675 Ni que du fol amour qui trouble ma raison
Ma lâche complaisance ait nourri le poison.
Objet infortuné des vengeances célestes,
Je m'abhorre encor plus que tu ne me détestes.
Les Dieux m'en sont témoins, ces Dieux qui dans mon
[flanc
680 Ont allumé le feu fatal à tout mon sang,
Ces Dieux qui se sont fait une gloire cruelle
De séduire le cœur d'une faible mortelle.
Toi-même en ton esprit rappelle le passé.
C'est peu de t'avoir fui, cruel, je t'ai chassé.
685 J'ai voulu te paraître odieuse, inhumaine.
Pour mieux te résister, j'ai recherché ta haine.
De quoi m'ont profité mes inutiles soins ?
Tu me haïssais plus, je ne t'aimais pas moins.
Tes malheurs te prêtaient encor de nouveaux charmes.
690 J'ai langui, j'ai séché, dans les feux, dans les larmes.
Il suffit de tes yeux pour t'en persuader,
Si tes yeux un moment pouvaient me regarder.
Que dis-je ? Cet aveu que je viens de te faire,
Cet aveu si honteux, le crois-tu volontaire[1] ?

1. Devant cet aveu fatal et involontaire d'une flamme si longtemps contenue et réprimée, Hippolyte ne peut s'indigner, mais

Tremblante pour un fils que je n'osais trahir,   695
Je te venais prier de ne le point haïr.
Faibles projets d'un cœur trop plein de ce qu'il aime !
Hélas ! je ne t'ai pu parler que de toi-même.
Venge-toi, punis-moi d'un odieux amour.
Digne fils du héros qui t'a donné le jour,   700
Délivre l'univers d'un monstre qui t'irrite.
La veuve de Thésée ose aimer Hippolyte !
Crois-moi, ce monstre affreux ne doit point t'échapper.
Voilà mon cœur. C'est là que ta main doit frapper.
Impatient déjà d'expier son offense,   705
Au-devant de ton bras je le sens qui s'avance.
Frappe. Ou si tu le crois indigne de tes coups,
Si ta haine m'envie un supplice si doux,
Ou si d'un sang trop vil ta main serait trempée,
Au défaut de ton bras prête-moi ton épée.   710
Donne.

ŒNONE

       Que faites-vous, Madame ? Justes Dieux !
Mais on vient. Évitez des témoins odieux ;
Venez, rentrez, fuyez une honte certaine.

---

s'apitoyer seulement. Le cœur encore neuf du héros saura-t-il
résister à la contagion de la passion et à son vertige ? Phèdre
assurément se croit irresponsable ; elle n'en agit pas moins
comme si elle était libre. Sa déclaration, aussi bien dans sa partie
violente que dans son développement mélodieux, est une tenta-
tive de séduction. Et Phèdre, comme on verra au début du troisième acte, en attend quelque effet. Les dieux veulent qu'elle
aime Hippolyte, mais, croit-elle, ils n'ont pas décidé qu'Hippolyte ne répondrait pas à cet amour.

SCÈNE VI

HIPPOLYTE, THÉRAMÈNE

THÉRAMÈNE

Est-ce Phèdre qui fuit, ou plutôt qu'on entraîne ?
715 Pourquoi, Seigneur, pourquoi ces marques de douleur ?
Je vous vois sans épée[1], interdit, sans couleur ?

HIPPOLYTE

Théramène, fuyons. Ma surprise est extrême.
Je ne puis sans horreur me regarder moi-même.
Phèdre… Mais non, grands Dieux ! qu'en un profond
                                                [oubli
20 Cet horrible secret demeure enseveli.

THÉRAMÈNE

Si vous voulez partir, la voile est préparée.
Mais Athènes, Seigneur, s'est déjà déclarée.
Ses chefs ont pris les voix de toutes ses tribus.
Votre frère l'emporte, et Phèdre a le dessus.

---

1. Phèdre, dans son égarement, prend à Hippolyte son épée
et celui-ci la lui laisse, peut-être pour les raisons que donne
Phèdre à l'acte III, scène 1 (vers 748-752). En fait, cette épée
doit surtout servir de pièce à conviction quand Œnone accusera
Hippolyte devant Thésée au début de l'acte IV : *J'ai reconnu le
fer…* dit Thésée (vers 1009-1010). Dès le XVIIᵉ siècle, on a cri-
tiqué cet artifice qui, comme la lettre de Bajazet, appartient
assurément au vieil arsenal dramatique.

HIPPOLYTE

Phèdre ?   725

THÉRAMÈNE

        Un héraut chargé des volontés d'Athènes
De l'État en ses mains vient remettre les rênes.
Son fils est roi, Seigneur.

HIPPOLYTE

                    Dieux, qui la connaissez,
Est-ce donc sa vertu que vous récompensez ?

THÉRAMÈNE

Cependant un bruit sourd veut que le Roi respire.
On prétend que Thésée a paru dans l'Épire.   730
Mais moi qui l'y cherchai, Seigneur, je sais trop bien…

HIPPOLYTE

N'importe, écoutons tout, et ne négligeons rien.
Examinons ce bruit, remontons à sa source.
S'il ne mérite pas d'interrompre ma course,
Partons ; et quelque prix qu'il en puisse coûter,   735
Mettons le sceptre aux mains dignes de le porter.

ACTE III

SCÈNE PREMIÈRE

PHÈDRE, ŒNONE

PHÈDRE

Ah ! que l'on porte ailleurs les honneurs qu'on m'envoie.
Importune, peux-tu souhaiter qu'on me voie ?
De quoi viens-tu flatter mon esprit désolé ?
740 Cache-moi bien plutôt, je n'ai que trop parlé.
Mes fureurs au dehors ont osé se répandre.
J'ai dit ce que jamais on ne devait entendre.
Ciel ! comme il m'écoutait ! Par combien de détours
L'insensible a longtemps éludé mes discours !
745 Comme il ne respirait qu'une retraite prompte !
Et combien sa rougeur a redoublé ma honte !
Pourquoi détournais-tu mon funeste dessein ?
Hélas ! quand son épée allait chercher mon sein,
A-t-il pâli pour moi ? me l'a-t-il arrachée ?

Il suffit que ma main l'ait une fois touchée,   750
Je l'ai rendue horrible à ses yeux inhumains ;
Et ce fer malheureux profanerait ses mains.

ŒNONE

Ainsi dans vos malheurs ne songeant qu'à vous plaindre,
Vous nourrissez un feu qu'il vous faudrait éteindre.
Ne vaudrait-il pas mieux, digne sang de Minos,   755
Dans de plus nobles soins chercher votre repos,
Contre un ingrat qui plaît recourir à la fuite,
Régner, et de l'État embrasser la conduite ?

PHÈDRE

Moi régner ! Moi ranger un État sous ma loi,
Quand ma faible raison ne règne plus sur moi !   760
Lorsque j'ai de mes sens abandonné l'empire !
Quand sous un joug honteux à peine je respire !
Quand je me meurs !

ŒNONE

Fuyez.

PHÈDRE

Je ne le puis quitter.

ŒNONE

Vous l'osâtes bannir, vous n'osez l'éviter.

PHÈDRE

765 Il n'est plus temps. Il sait mes ardeurs insensées[1].
De l'austère pudeur les bornes sont passées.
J'ai déclaré ma honte aux yeux de mon vainqueur,
Et l'espoir, malgré moi, s'est glissé dans mon cœur.
Toi-même rappelant ma force défaillante,
770 Et mon âme déjà sur mes lèvres errante,
Par tes conseils flatteurs tu m'as su ranimer.
Tu m'as fait entrevoir que je pouvais l'aimer.

ŒNONE

Hélas ! de vos malheurs innocente ou coupable,
De quoi pour vous sauver n'étais-je point capable ?
775 Mais si jamais l'offense irrita vos esprits,
Pouvez-vous d'un superbe oublier les mépris ?
Avec quels yeux cruels sa rigueur obstinée
Vous laissait à ses pieds peu s'en faut prosternée !
Que son farouche orgueil le rendait odieux !
780 Que Phèdre en ce moment n'avait-elle mes yeux !

PHÈDRE

Œnone, il peut quitter cet orgueil qui te blesse.
Nourri dans les forêts, il en a la rudesse.
Hippolyte, endurci par de sauvages lois,

1. Cette scène permet de comprendre le concept d'*action
tragique* : le personnage, qui espère, croit à l'efficacité de son
action. Mais le spectateur, qui connaît l'existence d'Aricie, sait
que cette action est illusoire.

Entend parler d'amour pour la première fois.
[Peut-être sa surprise a causé son silence,]   785
Et nos plaintes peut-être ont trop de violence.

ŒNONE

Songez qu'une barbare en son sein l'a formé.

PHÈDRE

Quoique Scythe et barbare, elle a pourtant aimé.

ŒNONE

Il a pour tout le sexe une haine fatale.

PHÈDRE

Je ne me verrai point préférer de rivale.   790
Enfin tous tes conseils ne sont plus de saison.
[Sers ma fureur, Œnone, et non point ma raison[1].]
Il oppose à l'amour un cœur inaccessible :
Cherchons pour l'attaquer quelque endroit plus
                                                [sensible[2].
Les charmes d'un Empire ont paru le toucher ;   795

1. Phèdre, comme Oreste, se conduit selon cette logique de la passion, qui commande l'action tragique.
2. L'insensibilité supposée d'Hippolyte devient un avantage aux yeux égarés de Phèdre qui songe à se placer désormais sur le plan de la tragédie politique pour arriver à ses fins. Hippolyte, du moins, n'est pas indifférent à l'ambition. Peut-être pourra-t-on l'*attaquer* sur ce point. Phèdre qui prononce elle-même ce mot n'a plus aucune retenue. Elle sacrifie les droits de son fils, qu'elle avait précisément voulu sauvegarder, semblait-il, en s'adressant à Hippolyte.

Athènes l'attirait, il n'a pu s'en cacher;
Déjà de ses vaisseaux la pointe était tournée,
Et la voile flottait aux vents abandonnée.
Va trouver de ma part ce jeune ambitieux,
800 Œnone. Fais briller la couronne à ses yeux.
Qu'il mette sur son front le sacré diadème;
Je ne veux que l'honneur de l'attacher moi-même.
Cédons-lui ce pouvoir que je ne puis garder.
Il instruira mon fils dans l'art de commander.   le should rule
805 Peut-être il voudra bien lui tenir lieu de père.
Je mets sous son pouvoir et le fils et la mère.
Pour le fléchir enfin tente tous les moyens :
Tes discours trouveront plus d'accès que les miens.
Presse, pleure, gémis, peins[1]-lui Phèdre mourante,
810 Ne rougis point de prendre une voix suppliante.
Je t'avoûrai de tout; je n'espère qu'en toi.
Va : j'attends ton retour pour disposer de moi.

slae de cœur ?

SCÈNE II

PHÈDRE, *seule.*

Ô toi, qui vois la honte où je suis descendue,
Implacable Vénus, suis-je assez confondue?

---

1. Var. : Dans la seule édition de 1697, on lit *plains*, ce qui
présente un sens, mais avec un tour pénible et embarrassé. *Peins*,
qui est la leçon des deux éditions précédentes, est très satisfai-
sant, et il s'agit presque certainement d'une faute d'impression.

You cannot push your cruelty any further.

Tu ne saurais plus loin pousser ta cruauté. 815
Ton triomphe est parfait ; tous tes traits ont porté.
Cruelle, si tu veux une gloire nouvelle,
Attaque un ennemi qui te soit plus rebelle.
Hippolyte te fuit, et bravant ton courroux,
Jamais à tes autels n'a fléchi les genoux. 820
Ton nom semble offenser ses superbes oreilles.
Déesse, venge-toi : nos causes sont pareilles[1].
Qu'il aime. Mais déjà tu reviens sur tes pas,
Œnone ? On me déteste, on ne t'écoute pas.

SCÈNE III

PHÈDRE, ŒNONE

ŒNONE

Il faut d'un vain amour étouffer la pensée, 825
Madame. Rappelez votre vertu passée.
Le Roi, qu'on a cru mort, va paraître à vos yeux ;
Thésée est arrivé, Thésée est en ces lieux.
Le peuple, pour le voir, court et se précipite. rush
Je sortais par votre ordre, et cherchais Hippolyte, 830
Lorsque jusques au ciel mille cris élancés…

retour de THÉSÉE

---

1. Phèdre se fait maintenant auprès de Vénus un mérite de
sa servitude ; bien loin de lui résister, elle l'implore désormais
pour lui demander de se faire un autre esclave.

PHÈDRE

Mon époux est vivant, Œnone, c'est assez.
J'ai fait l'indigne aveu d'un amour qui l'outrage.
Il vit. Je ne veux pas en savoir davantage.

ŒNONE

835 Quoi ?

PHÈDRE

Je te l'ai prédit, mais tu n'as pas voulu.
Sur mes justes remords tes pleurs ont prévalu.
Je mourais ce matin digne d'être pleurée ;
J'ai suivi tes conseils, je meurs déshonorée.

ŒNONE

Vous mourez ?

PHÈDRE

Juste ciel ! qu'ai-je fait aujourd'hui ?
840 Mon époux va paraître, et son fils avec lui.
Je verrai le témoin de ma flamme adultère
Observer de quel front j'ose aborder son père,
Le cœur gros de soupirs qu'il n'a point écoutés,
L'œil humide de pleurs par l'ingrat rebutés.
845 Penses-tu que sensible à l'honneur de Thésée,
Il lui cache l'ardeur dont je suis embrasée ?
Laissera-t-il trahir et son père et son roi ?
Pourra-t-il contenir l'horreur qu'il a pour moi ?
Il se tairait en vain. Je sais mes perfidies,

Œnone, et ne suis point de ces femmes hardies   850
Qui goûtant dans le crime une tranquille paix,
Ont su se faire un front qui ne rougit jamais.
Je connais mes fureurs, je les rappelle toutes.
Il me semble déjà que ces murs, que ces voûtes
Vont prendre la parole, et prêts à m'accuser,   855
Attendent mon époux pour le désabuser.
Mourons. De tant d'horreurs qu'un trépas me délivre.
Est-ce un malheur si grand que de cesser de vivre ?
La mort aux malheureux ne cause point d'effroi.
Je ne crains que le nom que je laisse après moi.   860
Pour mes tristes enfants quel affreux héritage !
Le sang de Jupiter doit enfler leur courage ;
Mais quelque juste orgueil qu'inspire un sang si beau,
Le crime d'une mère est un pesant fardeau.
Je tremble qu'un discours, hélas ! trop véritable,   865
Un jour ne leur reproche une mère coupable.
Je tremble qu'opprimés de ce poids odieux
L'un ni l'autre jamais n'ose lever les yeux.

ŒNONE

Il n'en faut point douter, je les plains l'un et l'autre ;
Jamais crainte ne fut plus juste que la vôtre.   870
Mais à de tels affronts pourquoi les exposer ?
Pourquoi contre vous-même allez-vous déposer ?
C'en est fait : on dira que Phèdre, trop coupable,
De son époux trahi fuit l'aspect redoutable.
Hippolyte est heureux qu'aux dépens de vos jours   875
Vous-même en expirant appuyez ses discours.
À votre accusateur que pourrai-je répondre ?

Je serai devant lui trop facile à confondre.
De son triomphe affreux je le verrai jouir,
880 Et conter votre honte à qui voudra l'ouïr.
Ah! que plutôt du ciel la flamme me dévore!
Mais ne me trompez point, vous est-il cher encore?
De quel œil voyez-vous ce prince audacieux?

PHÈDRE

Je le vois comme un monstre effroyable à mes yeux[1].

ŒNONE

885 Pourquoi donc lui céder une victoire entière?
Vous le craignez… Osez l'accuser la première
Du crime dont il peut vous charger aujourd'hui.
Qui vous démentira? Tout parle contre lui:
Son épée en vos mains heureusement laissée,
890 Votre trouble présent, votre douleur passée,
Son père par vos cris dès longtemps prévenu,
Et déjà son exil par vous-même obtenu.

PHÈDRE

Moi, que j'ose opprimer et noircir l'innocence!

ŒNONE

Mon zèle n'a besoin que de votre silence.
895 Tremblante comme vous, j'en sens quelques remords.
Vous me verriez plus prompte affronter mille morts.

1. Le retour de Thésée détermine une révolution violente et
soudaine: le transport de Phèdre a seulement changé de nom.

Mais puisque je vous perds sans ce triste remède,
Votre vie est pour moi d'un prix à qui tout cède.
Je parlerai. Thésée, aigri par mes avis,
Bornera sa vengeance à l'exil de son fils.   900
Un père en punissant, Madame, est toujours père :
Un supplice léger suffit à sa colère[1].
Mais le sang innocent dût-il être versé,
Que ne demande point votre honneur menacé ?
C'est un trésor trop cher pour oser le commettre.   905
Quelque loi qu'il vous dicte, il faut vous y soumettre,
Madame ; et pour sauver votre honneur combattu,
Il faut immoler tout, et même la vertu.
On vient ; je vois Thésée.

PHÈDRE

Ah ! je vois Hippolyte[2] ;
Dans ses yeux insolents, je vois ma perte écrite.   910
Fais ce que tu voudras, je m'abandonne à toi.
Dans le trouble où je suis, je ne puis rien pour moi.

1. Cette affirmation, que les faits démentiront si cruellement,
est une des faussetés que débite Œnone dans son rôle de tentatrice. Elle exprime un des aspects de la technique tragique, qui
veut que les malheurs des héros les frappent d'autant plus impitoyablement qu'ils y sont moins préparés ; Hippolyte, de même,
à la fin du troisième acte, s'écrie : « Mais l'innocence enfin n'a
rien à redouter. » « Je ne me verrai point préférer de rivale »
disait Phèdre plus haut : c'était comme la promesse des tortures
de jalousie qui l'attendent.
2. Thésée revient et Œnone l'aperçoit. Mais Phèdre, elle, n'a
d'yeux que pour Hippolyte.

SCÈNE IV

THÉSÉE, HIPPOLYTE, PHÈDRE,
ŒNONE, THÉRAMÈNE

THÉSÉE

La fortune à mes vœux cesse d'être opposée,
Madame, et dans vos bras met…

PHÈDRE

Arrêtez, Thésée,
915 Et ne profanez point des transports si charmants.
Je ne mérite plus ces doux empressements.
Vous êtes offensé. La fortune jalouse
N'a pas en votre absence épargné votre épouse.
Indigne de vous plaire et de vous approcher,
920 Je ne dois désormais songer qu'à me cacher[1].

1. Les paroles de Phèdre sont ambiguës : elles sont un aveu
pour qui sait déjà, mais elles laissent aussi le champ libre aux
manœuvres d'Œnone calomniatrice.

SCÈNE V

THÉSÉE, HIPPOLYTE, THÉRAMÈNE

THÉSÉE

Quel est l'étrange accueil qu'on fait à votre père,
Mon fils ?

HIPPOLYTE

Phèdre peut seule expliquer ce mystère.
Mais si mes vœux ardents vous peuvent émouvoir,
Permettez-moi, Seigneur, de ne la plus revoir ;
Souffrez que pour jamais le tremblant Hippolyte   925
Disparaisse des lieux que votre épouse habite.

THÉSÉE

Vous, mon fils, me quitter ?

HIPPOLYTE

Je ne la cherchais pas :
C'est vous qui sur ces bords conduisîtes ses pas.
Vous daignâtes, Seigneur, aux rives de Trézène
Confier en partant Aricie et la Reine :   930
Je fus même chargé du soin de les garder.
Mais quels soins désormais peuvent me retarder ?
Assez dans les forêts mon oisive jeunesse
Sur de vils ennemis a montré son adresse.
Ne pourrai-je, en fuyant un indigne repos,   935

D'un sang plus glorieux teindre mes javelots?
Vous n'aviez pas encore atteint l'âge où je touche,
Déjà plus d'un tyran, plus d'un monstre farouche
Avait de votre bras senti la pesanteur;
940 Déjà, de l'insolence heureux persécuteur,
Vous aviez des deux mers assuré les rivages.
Le libre voyageur ne craignait plus d'outrages;
Hercule, respirant sur le bruit de vos coups,
Déjà de son travail se reposait sur vous.
945 Et moi, fils inconnu d'un si glorieux père,
Je suis même encor loin des traces de ma mère.
Souffrez que mon courage ose enfin s'occuper.
Souffrez, si quelque monstre a pu vous échapper,
Que j'apporte à vos pieds sa dépouille honorable;
950 Ou que d'un beau trépas la mémoire durable,
Éternisant des jours si noblement finis,
Prouve à tout l'avenir que j'étais votre fils[1].

THÉSÉE

Que vois-je? Quelle horreur dans ces lieux répandue
Fait fuir devant mes yeux ma famille éperdue?
955 Si je reviens si craint et si peu désiré,
Ô ciel! de ma prison pourquoi m'as-tu tiré?
Je n'avais qu'un ami. Son imprudente flamme
Du tyran de l'Épire allait ravir la femme;
Je servais à regret ses desseins amoureux;

---

1. Les deux tirades d'Hippolyte et de Thésée, descriptives et
poétiques, ralentissent l'action qui se précipitait, et lui donnent
à nouveau son cadre mythologique et cosmique. Elles marquent
comme un repos avant le dénouement qu'on sent proche.

Mais le sort irrité nous aveuglait tous deux.   960
Le tyran m'a surpris sans défense et sans armes.
J'ai vu Pirithoüs, triste objet de mes larmes,
Livré par ce barbare à des monstres cruels
Qu'il nourrissait du sang des malheureux mortels.
Moi-même, il m'enferma dans des cavernes sombres,   965
Lieux profonds, et voisins de l'empire des ombres.
Les Dieux, après six mois, enfin m'ont regardé :
J'ai su tromper les yeux de qui j'étais gardé[1].
D'un perfide ennemi j'ai purgé la nature ;
À ses monstres lui-même a servi de pâture ;   970
Et lorsque avec transport je pense m'approcher
De tout ce que les Dieux m'ont laissé de plus cher ;
Que dis-je ? Quand mon âme, à soi-même rendue,
Vient se rassasier d'une si chère vue,
Je n'ai pour tout accueil que des frémissements :   975
Tout fuit, tout se refuse à mes embrassements.
Et moi-même, éprouvant la terreur que j'inspire,
Je voudrais être encor dans les prisons d'Épire.
Parlez. Phèdre se plaint que je suis outragé.
Qui m'a trahi ? Pourquoi ne suis-je pas vengé ?   980
La Grèce, à qui mon bras fut tant de fois utile,
A-t-elle au criminel accordé quelque asile ?
Vous ne répondez point. Mon fils, mon propre fils
Est-il d'intelligence avec mes ennemis ?
Entrons. C'est trop garder un doute qui m'accable.   985
Connaissons à la fois le crime et le coupable.
Que Phèdre explique enfin le trouble où je la voi.

1. Var. : *J'ai su tromper les yeux par qui j'étais gardé.* (1677
et 1687).

SCÈNE VI

HIPPOLYTE, THÉRAMÈNE

HIPPOLYTE

Où tendait ce discours qui m'a glacé d'effroi ?
Phèdre, toujours en proie à sa fureur extrême,
990 Veut-elle s'accuser et se perdre elle-même[1] ?
Dieux ! que dira le Roi ! Quel funeste poison
L'amour a répandu sur toute sa maison !
Moi-même, plein d'un feu que sa haine réprouve,
Quel il m'a vu jadis, et quel il me retrouve !
995 De noirs pressentiments viennent m'épouvanter.
Mais l'innocence enfin n'a rien à redouter.
Allons, cherchons ailleurs par quelle heureuse adresse
Je pourrai de mon père émouvoir la tendresse,
Et lui dire un amour qu'il peut vouloir troubler,
1000 Mais que tout son pouvoir ne saurait ébranler.

---

1. Voyez plus haut la note 1 de la page 82.

ACTE IV

SCÈNE PREMIÈRE

THÉSÉE, ŒNONE

THÉSÉE

Ah ! qu'est-ce que j'entends ? Un traître, un téméraire
Préparait cet outrage à l'honneur de son père ?
Avec quelle rigueur, Destin, tu me poursuis !
Je ne sais où je vais, je ne sais où je suis[1].
Ô tendresse ! ô bonté trop mal récompensée !   1005
Projet audacieux ! détestable pensée !
Pour parvenir au but de ses noires amours,
L'insolent de la force empruntait le secours.
J'ai reconnu le fer, instrument de sa rage,
Ce fer dont je l'armai pour un plus noble usage.   1010
Tous les liens du sang n'ont pu le retenir !
Et Phèdre différait à le faire punir !
Le silence de Phèdre épargnait le coupable !

1. Var. : *Je ne sais où je vas, je ne sais où je suis.* (1677).

ŒNONE

Phèdre épargnait plutôt un père déplorable.
1015 Honteuse du dessein d'un amant furieux
Et du feu criminel qu'il a pris dans ses yeux,
Phèdre mourait, Seigneur, et sa main meurtrière
Éteignait de ses yeux l'innocente lumière.
J'ai vu lever le bras, j'ai couru la sauver.
1020 Moi seule à votre amour j'ai su la conserver ;
Et plaignant à la fois son trouble et vos alarmes,
J'ai servi malgré moi d'interprète à ses larmes.

THÉSÉE

Le perfide ! Il n'a pu s'empêcher de pâlir.
De crainte, en m'abordant, je l'ai vu tressaillir[1].
1025 Je me suis étonné de son peu d'allégresse ;
Ses froids embrassements ont glacé ma tendresse.
Mais ce coupable amour dont il est dévoré
Dans Athènes déjà s'était-il déclaré ?

ŒNONE

Seigneur, souvenez-vous des plaintes de la Reine.
1030 Un amour criminel causa toute sa haine.

THÉSÉE

Et ce feu dans Trézène a donc recommencé ?

---

1. Hippolyte lui-même s'est alors qualifié de *tremblant*.

ŒNONE

Je vous ai dit, Seigneur, tout ce qui s'est passé.
C'est trop laisser la Reine à sa douleur mortelle ;
Souffrez que je vous quitte et me range auprès d'elle.

SCÈNE II

THÉSÉE, HIPPOLYTE

THÉSÉE

Ah ! le voici. Grands Dieux ! à ce noble maintien   1035
Quel œil ne serait pas trompé comme le mien ?
Faut-il que sur le front d'un profane adultère
Brille de la vertu le sacré caractère ?
Et ne devrait-on pas à des signes certains
Reconnaître le cœur des perfides humains ?   1040

HIPPOLYTE

Puis-je vous demander quel funeste nuage,
Seigneur, a pu troubler votre auguste visage ?
N'osez-vous confier ce secret à ma foi ?

THÉSÉE

Perfide, oses-tu bien te montrer devant moi ?
Monstre, qu'a trop longtemps épargné le tonnerre,   1045
Reste impur des brigands dont j'ai purgé la terre.

Après que le transport d'un amour plein d'horreur
Jusqu'au lit de ton père a porté sa fureur[1],
Tu m'oses présenter une tête ennemie,
1050 Tu parais dans des lieux pleins de ton infamie,
Et ne vas pas chercher, sous un ciel inconnu,
Des pays où mon nom ne soit point parvenu.
Fuis, traître. Ne viens point braver ici ma haine,
Et tenter un courroux que je retiens à peine.
1055 C'est bien assez pour moi de l'opprobre éternel
D'avoir pu mettre au jour un fils si criminel,
Sans que ta mort encor, honteuse à ma mémoire,
De mes nobles travaux vienne souiller la gloire.
Fuis ; et si tu veux qu'un châtiment soudain
1060 T'ajoute aux scélérats qu'a punis cette main,
Prends garde que jamais l'astre qui nous éclaire
Ne te voie en ces lieux mettre un pied téméraire.
Fuis, dis-je ; et sans retour précipitant tes pas,
De ton horrible aspect purge tous mes États[2].
1065   Et toi, Neptune, et toi, si jadis mon courage
D'infâmes assassins nettoya ton rivage,
Souviens-toi que pour prix de mes efforts heureux,
Tu promis d'exaucer le premier de mes vœux.
Dans les longues rigueurs d'une prison cruelle
1070 Je n'ai point imploré ta puissance immortelle.
Avare du secours que j'attends de tes soins[3],

    1. Var. : *Jusqu'au lit de ton père a porté ta fureur,* (1677 et
1687).
    2. Ce morceau d'éloquence prend toute sa réalité par l'invo-
cation à Neptune, qui suit — or le dieu écoute.
    3. Var. : *Avares du secours que j'attends de tes soins,* (1677
et 1687).

Mes vœux t'ont réservé pour de plus grands besoins :
Je t'implore aujourd'hui. Venge un malheureux père.
J'abandonne ce traître à toute ta colère ;
Étouffe dans son sang ses désirs effrontés :   1075
Thésée à tes fureurs connaîtra tes bontés.

HIPPOLYTE

D'un amour criminel Phèdre accuse Hippolyte !
Un tel excès d'horreur rend mon âme interdite ;
Tant de coups imprévus m'accablent à la fois,
Qu'ils m'ôtent la parole et m'étouffent la voix.   1080

THÉSÉE

Traître, tu prétendais qu'en un lâche silence
Phèdre ensevelirait ta brutale insolence.
Il fallait, en fuyant, ne pas abandonner
Le fer qui dans ses mains aide à te condamner ;
Ou plutôt il fallait, comblant ta perfidie,   1085
Lui ravir tout d'un coup la parole et la vie.

HIPPOLYTE

D'un mensonge si noir justement irrité,
Je devrais faire ici parler la vérité,
Seigneur ; mais je supprime un secret qui vous touche.
Approuvez le respect qui me ferme la bouche[1] ;   1090
Et sans vouloir vous-même augmenter vos ennuis,

---

1. Chez Euripide, Hippolyte s'était condamné au silence par
un serment. C'est ici un sentiment plus délicat qui retient le
héros : la pudeur d'Hippolyte et son sens de l'honneur causeront
sa mort.

Examinez ma vie, et songez qui je suis.
Quelques crimes toujours précèdent les grands crimes.
Quiconque a pu franchir les bornes légitimes
1095 Peut violer enfin les droits les plus sacrés ;
Ainsi que la vertu, le crime a ses degrés ;
Et jamais on n'a vu la timide innocence
Passer subitement à l'extrême licence.
Un jour seul ne fait point d'un mortel vertueux
1100 Un perfide assassin, un lâche incestueux,
Élevé dans le sein d'une chaste héroïne,
Je n'ai point de son sang démenti l'origine[1].
Pitthée, estimé sage entre tous les humains,
Daigna m'instruire encore au sortir de ses mains.
1105 Je ne veux point me peindre avec trop d'avantage ;
Mais si quelque vertu m'est tombée en partage,
Seigneur, je crois surtout avoir fait éclater
La haine des forfaits qu'on ose m'imputer.
C'est par là qu'Hippolyte est connu dans la Grèce.
1110 J'ai poussé la vertu jusques à la rudesse.
On sait de mes chagrins l'inflexible rigueur.
Le jour n'est pas plus pur que le fond de mon cœur.
Et l'on veut qu'Hippolyte, épris d'un feu profane…

THÉSÉE

Oui, c'est ce même orgueil, lâche, qui te condamne.
1115 Je vois de tes froideurs le principe odieux :
Phèdre seule charmait tes impudiques yeux ;

1. Hippolyte invoque une sorte de fatalité de l'innocence, de même que Phèdre une fatalité du crime.

Et pour tout autre objet ton âme indifférente
Dédaignait de brûler d'une flamme innocente.

HIPPOLYTE

Non, mon père, ce cœur (c'est trop vous le celer)
N'a point d'un chaste amour dédaigné de brûler.   1120
Je confesse à vos pieds ma véritable offense :
J'aime, j'aime, il est vrai, malgré votre défense.
Aricie à ses lois tient mes vœux asservis ;
La fille de Pallante a vaincu votre fils.
Je l'adore, et mon âme, à vos ordres rebelle,   1125
Ne peut ni soupirer ni brûler que pour elle.

THÉSÉE

Tu l'aimes ? Ciel ! Mais non, l'artifice est grossier.
Tu te feins criminel pour te justifier.

HIPPOLYTE

Seigneur, depuis six mois, je l'évite, et je l'aime.
Je venais en tremblant vous le dire à vous-même.   1130
Hé quoi ! de votre erreur rien ne vous peut tirer ?
Par quel affreux serment faut-il vous rassurer ?
Que la terre, le ciel, que toute la nature…

THÉSÉE

Toujours les scélérats ont recours au parjure.
Cesse, cesse, et m'épargne un importun discours,   1135
Si ta fausse vertu n'a point d'autre secours.

HIPPOLYTE

Elle vous paraît fausse et pleine d'artifice.
Phèdre au fond de son cœur me rend plus de justice[1].

THÉSÉE

Ah! que ton impudence excite mon courroux!

HIPPOLYTE

1140 Quel temps à mon exil, quel lieu prescrivez-vous?

THÉSÉE

Fusses-tu par delà les colonnes d'Alcide,
Je me croirais encor trop voisin d'un perfide.

HIPPOLYTE

Chargé du crime affreux dont vous me soupçonnez,
Quels amis me plaindront, quand vous m'abandonnez?

THÉSÉE

1145 Va chercher des amis dont l'estime funeste
Honore l'adultère, applaudisse à l'inceste,
Des traîtres, des ingrats sans honneur et sans loi,
Dignes de protéger un méchant tel que toi.

1. Le héros ne se permet que cette insinuation, et une autre, plus marquée, à la fin de la scène.

HIPPOLYTE

Vous me parlez toujours d'inceste et d'adultère !
Je me tais. Cependant Phèdre sort d'une mère,   1150
Phèdre est d'un sang, Seigneur, vous le savez trop bien,
De toutes ces horreurs plus rempli que le mien.

THÉSÉE

Quoi ! ta rage à mes yeux perd toute retenue ?
Pour la dernière fois, ôte-toi de ma vue.
Sors, traître. N'attends pas qu'un père furieux   1155
Te fasse avec opprobre arracher de ces lieux.

SCÈNE III

THÉSÉE, *seul*.

Misérable, tu cours à ta perte infaillible.
Neptune, par le fleuve aux Dieux mêmes terrible,
M'a donné sa parole, et va l'exécuter.
Un Dieu vengeur te suit, tu ne peux l'éviter[1].   1160
Je t'aimais ; et je sens que malgré ton offense,
Mes entrailles pour toi se troublent par avance.
Mais à te condamner tu m'as trop engagé.
Jamais père en effet fut-il plus outragé ?

1. Le tragique veut que Thésée aussi soit maintenant le prisonnier du dieu : il ne pourra revenir sur sa malédiction, et il aura perdu sans retour son fils innocent.

1165 Justes Dieux, qui voyez la douleur qui m'accable,
Ai-je pu mettre au jour un enfant si coupable ?

SCÈNE IV

PHÈDRE, THÉSÉE

PHÈDRE

Seigneur, je viens à vous, pleine d'un juste effroi.
Votre voix redoutable a passé jusqu'à moi.
Je crains qu'un prompt effet n'ait suivi la menace.
1170 S'il en est temps encore, épargnez votre race,
Respectez votre sang, j'ose vous en prier.
Sauvez-moi de l'horreur de l'entendre crier ;
Ne me préparez point la douleur éternelle
De l'avoir fait répandre à la main paternelle[1].

THÉSÉE

1175 Non, Madame, en mon sang ma main n'a point trempé ;
Mais l'ingrat toutefois ne m'est point échappé.
Une immortelle main de sa perte est chargée.
Neptune me la doit, et vous serez vengée.

1. Phèdre se risque à cette démarche, poussée, comme le plus
souvent, par des sentiments ambigus : amour pour Hippolyte et
crainte de le perdre, remords, besoin de s'épancher et peut-être
d'avouer.

PHÈDRE

Neptune vous la doit ! Quoi ? vos vœux irrités…

THÉSÉE

Quoi ! craignez-vous déjà qu'ils ne soient écoutés ?   1180
Joignez-vous bien plutôt à mes vœux légitimes.
Dans toute leur noirceur retracez-moi ses crimes ;
Échauffez mes transports trop lents, trop retenus.
Tous ses crimes encor ne vous sont pas connus ;
Sa fureur contre vous se répand en injures :   1185
Votre bouche, dit-il, est pleine d'impostures ;
Il soutient qu'Aricie a son cœur, a sa foi,
Qu'il aime.

PHÈDRE

Quoi, Seigneur !

THÉSÉE

Il l'a dit devant moi.
Mais je sais rejeter un frivole artifice.
Espérons de Neptune une prompte justice.   1190
Je vais moi-même encore, au pied de ses autels,
Le presser d'accomplir ses serments immortels.

Phèdre

SCÈNE V

PHÈDRE, *seule*.

Il sort. Quelle nouvelle a frappé mon oreille ?
Quel feu mal étouffé dans mon cœur se réveille[1] ?
1195 Quel coup de foudre, ô ciel ! et quel funeste avis !
Je volais tout entière au secours de son fils ;
Et m'arrachant des bras d'Œnone épouvantée,
Je cédais au remords dont j'étais tourmentée.
Qui sait même où m'allait porter ce repentir ?
1200 Peut-être à m'accuser j'aurais pu consentir ;
Peut-être, si la voix ne m'eût été coupée,
L'affreuse vérité me serait échappée.
Hippolyte est sensible, et ne sent rien pour moi !
Aricie a son cœur ! Aricie a sa foi !
1205 Ah, Dieux ! Lorsqu'à mes vœux l'ingrat inexorable
S'armait d'un œil si fier, d'un front si redoutable,
Je pensais qu'à l'amour son cœur toujours fermé
Fût contre tout mon sexe également armé.
Une autre cependant a fléchi son audace ;
1210 Devant ses yeux cruels une autre a trouvé grâce.
Peut-être a-t-il un cœur facile à s'attendrir.
Je suis le seul objet qu'il ne saurait souffrir ;
Et je me chargerais du soin de le défendre ?

1. La jalousie ramène l'amour et le force à dire son nom.

SCÈNE VI

PHÈDRE, ŒNONE

PHÈDRE

Chère Œnone, sais-tu ce que je viens d'apprendre ?

ŒNONE

Non ; mais je viens tremblante, à ne vous point mentir. 1215
J'ai pâli du dessein qui vous a fait sortir :
J'ai craint une fureur à vous-même fatale.

PHÈDRE

Œnone, qui l'eût cru ? j'avais une rivale.

ŒNONE

Comment ?

PHÈDRE

      Hippolyte aime, et je n'en puis douter.
Ce farouche ennemi qu'on ne pouvait dompter, 1220
Qu'offensait le respect, qu'importunait la plainte,
Ce tigre, que jamais je n'abordai sans crainte,
Soumis, apprivoisé, reconnaît un vainqueur :
Aricie a trouvé le chemin de son cœur.

ŒNONE

1225 Aricie?

PHÈDRE

Ah! douleur non encore éprouvée!
À quel nouveau tourment je me suis réservée!
Tout ce que j'ai souffert, mes craintes, mes transports,
La fureur de mes feux, l'horreur de mes remords,
Et d'un refus cruel l'insupportable injure
1230 N'était qu'un faible essai du tourment que j'endure.
Ils s'aiment! Par quel charme ont-ils trompé mes yeux?
Comment se sont-ils vus? Depuis quand? Dans quels
lieux?
Tu le savais. Pourquoi me laissais-tu séduire?
De leur furtive ardeur ne pouvais-tu m'instruire?
1235 Les a-t-on vus souvent se parler, se chercher?
Dans le fond des forêts allaient-ils se cacher?
Hélas! ils se voyaient avec pleine licence.
Le ciel de leurs soupirs approuvait l'innocence;
Ils suivaient sans remords leur penchant amoureux;
1240 Tous les jours se levaient clairs et sereins pour eux[1].
Et moi, triste rebut de la nature entière,
Je me cachais au jour, je fuyais la lumière.
La mort est le seul Dieu que j'osais implorer.
J'attendais le moment où j'allais expirer;

1. La nostalgie de l'innocence et de la pureté se confond
chez Phèdre avec la jalousie : elle fait succéder ces vers trans-
parents et mélancoliques aux rythmes hachés qui précèdent.

Me nourrissant de fiel, de larmes abreuvée,   1245
Encor dans mon malheur de trop près observée,
Je n'osais dans mes pleurs me noyer à loisir ;
Je goûtais en tremblant ce funeste plaisir,
Et sous un front serein déguisant mes alarmes,
Il fallait bien souvent me priver de mes larmes.   1250

ŒNONE

Quel fruit recevront-ils de leurs vaines amours ?
Ils ne se verront plus.

PHÈDRE

                    Ils s'aimeront toujours.
Au moment que je parle, ah ! mortelle pensée !
Ils bravent la fureur d'une amante insensée.
Malgré ce même exil qui va les écarter,   1255
Ils font mille serments de ne se point quitter[1]
Non, je ne puis souffrir un bonheur qui m'outrage,
Œnone. Prends pitié de ma jalouse rage.
Il faut perdre Aricie. Il faut de mon époux
Contre un sang odieux réveiller le courroux.   1260
Qu'il ne se borne pas à des peines légères :
Le crime de la sœur passe celui des frères.
Dans mes jaloux transports je le veux implorer.
    Que fais-je ? Où ma raison se va-t-elle égarer ?
Moi jalouse ! Et Thésée est celui que j'implore !   1265
Mon époux est vivant, et moi je brûle encore !

    1. Il est tragique que Phèdre ait précisément un tel sentiment
de la force irrépressible de l'amour, quand ce sentiment ne peut
que nourrir sa souffrance.

Pour qui ? Quel est le cœur où prétendent mes vœux ?
Chaque mot sur mon front fait dresser mes cheveux.
Mes crimes désormais ont comblé la mesure.
1270 Je respire à la fois l'inceste et l'imposture[1].
Mes homicides mains, promptes à me venger,
Dans le sang innocent brûlent de se plonger.
Misérable ! et je vis ? et je soutiens la vue
De ce sacré Soleil dont je suis descendue ?
1275 J'ai pour aïeul le père et le maître des Dieux ;
Le ciel, tout l'univers est plein de mes aïeux.
Où me cacher ? Fuyons dans la nuit infernale[2].
Mais que dis-je ? Mon père y tient l'urne fatale ;
Le Sort, dit-on, l'a mise en ses sévères mains :
1280 Minos juge aux enfers tous les pâles humains.
Ah ! combien frémira son ombre épouvantée,
Lorsqu'il verra sa fille à ses yeux présentée,
Contrainte d'avouer tant de forfaits divers,
Et des crimes peut-être inconnus aux enfers !
1285 Que diras-tu, mon père, à ce spectacle horrible ?
Je crois voir de ta main tomber l'urne terrible,
Je crois te voir, cherchant un supplice nouveau,
Toi-même de ton sang devenir le bourreau.
Pardonne. Un Dieu cruel a perdu ta famille :

1. *Respirer* a le sens de *souhaiter*, *désirer*, de même que plus haut dans le vers : «Comme il ne respirait qu'une retraite prompte !»
2. Phèdre est assiégée : le ciel et l'enfer, tout pleins de ses aïeux, lui présentent autant de miroirs où l'image de ses crimes lui est impitoyablement renvoyée. Phèdre ne peut se fuir elle-même.

Reconnais sa vengeance aux fureurs de ta fille.   1290
Hélas ! du crime affreux dont la honte me suit
Jamais mon triste cœur n'a recueilli le fruit.
Jusqu'au dernier soupir, de malheurs poursuivie,
Je rends dans les tourments une pénible vie.

ŒNONE

Hé ! repoussez, Madame, une injuste terreur.   1295
Regardez d'un autre œil une excusable erreur.
Vous aimez. On ne peut vaincre sa destinée[1].
Par un charme fatal vous fûtes entraînée.
Est-ce donc un prodige inouï parmi nous ?
L'amour n'a-t-il encor triomphé que de vous ?   1300
La faiblesse aux humains n'est que trop naturelle.
Mortelle, subissez le sort d'une mortelle.
Vous vous plaignez d'un joug imposé dès longtemps :
Les Dieux même, les Dieux, de l'Olympe habitants,
Qui d'un bruit si terrible épouvantent les crimes,   1305
Ont brûlé quelquefois de feux illégitimes.

PHÈDRE

Qu'entends-je ! Quels conseils ose-t-on me donner ?
Ainsi donc jusqu'au bout tu veux m'empoisonner,
Malheureuse ? Voilà comme tu m'as perdue.
Au jour que je fuyais c'est toi qui m'as rendue.   1310
Tes prières m'ont fait oublier mon devoir.

---

1. Œnone propose à Phèdre les justifications qu'elle s'était
déjà trouvées depuis longtemps : la fatalité est présentée ici
comme une fausse excuse que la faiblesse coupable se donne à
elle-même.

J'évitais Hippolyte, et tu me l'as fait voir.
De quoi te chargeais-tu? Pourquoi ta bouche impie
A-t-elle, en l'accusant, osé noircir sa vie?
1315 Il en mourra peut-être, et d'un père insensé
Le sacrilège vœu peut-être est exaucé[1].
Je ne t'écoute plus. Va-t'en, monstre exécrable.
Va, laisse-moi le soin de mon sort déplorable.
Puisse le juste ciel dignement te payer;
1320 Et puisse ton supplice à jamais effrayer
Tous ceux qui, comme toi, par de lâches adresses,
Des princes malheureux nourrissent les faiblesses,
Les poussent au penchant où leur cœur est enclin,
Et leur osent du crime aplanir le chemin;
1325 Détestables flatteurs, présent le plus funeste
Que puisse faire aux rois la colère céleste!

ŒNONE, *seule.*

Ah, Dieux! pour la servir j'ai tout fait, tout quitté;
Et j'en reçois ce prix? Je l'ai bien mérité.

---

1. Phèdre a bien marqué les différentes articulations de l'action. La technique dramatique de Racine est en pleine lumière.

ACTE V

SCÈNE PREMIÈRE

HIPPOLYTE, ARICIE

ARICIE

Quoi! vous pouvez vous taire en ce péril extrême?
Vous laissez dans l'erreur un père qui vous aime?   1330
Cruel, si de mes pleurs méprisant le pouvoir,
Vous consentez sans peine à ne me plus revoir,
Partez, séparez-vous de la triste Aricie.
Mais du moins en partant assurez votre vie.
Défendez votre honneur d'un reproche honteux,   1335
Et forcez votre père à révoquer ses vœux.
Il en est temps encor. Pourquoi, par quel caprice,
Laissez-vous le champ libre à votre accusatrice?
Éclaircissez Thésée.

HIPPOLYTE

Hé ! que n'ai-je point dit ?

1340 Ai-je dû mettre au jour l'opprobre de son lit ?
Devais-je, en lui faisant un récit trop sincère,
D'une indigne rougeur couvrir le front d'un père ?
Vous seule avez percé ce mystère odieux.
Mon cœur pour s'épancher n'a que vous et les Dieux.

1345 Je n'ai pu vous cacher, jugez si je vous aime,
Tout ce que je voulais me cacher à moi-même.
Mais songez sous quel sceau je vous l'ai révélé.
Oubliez, s'il se peut, que je vous ai parlé,
Madame ; et que jamais une bouche si pure

1350 Ne s'ouvre pour conter cette horrible aventure.
Sur l'équité des Dieux osons nous confier :
Ils ont trop d'intérêt à me justifier ;
Et Phèdre, tôt ou tard de son crime punie,
N'en saurait éviter la juste ignominie.

1355 C'est l'unique respect que j'exige de vous.
Je permets tout le reste à mon libre courroux.
Sortez de l'esclavage où vous êtes réduite.
Osez me suivre. Osez accompagner ma fuite.
Arrachez-vous d'un lieu funeste et profané,

1360 Où la vertu respire un air empoisonné ;
Profitez, pour cacher votre prompte retraite,
De la confusion que ma disgrâce y jette.
Je vous puis de la fuite assurer les moyens ;
Vous n'avez jusqu'ici de gardes que les miens ;

1365 De puissants défenseurs prendront notre querelle ;
Argos nous tend les bras, et Sparte nous appelle.

À nos amis communs portons nos justes cris ;
Ne souffrons pas que Phèdre, assemblant nos débris,
Du trône paternel nous chasse l'un et l'autre,
Et promette à son fils ma dépouille et la vôtre.   1370
L'occasion est belle, il la faut embrasser.
Quelle peur vous retient ? Vous semblez balancer ?
Votre seul intérêt m'inspire cette audace.
Quand je suis tout de feu, d'où vous vient cette glace ?
Sur les pas d'un banni craignez-vous de marcher ?   1375

ARICIE

Hélas ! qu'un tel exil, Seigneur, me serait cher !
Dans quels ravissements, à votre sort liée,
Du reste des mortels je vivrais oubliée !
Mais n'étant point unis par un lien si doux,
Me puis-je avec honneur dérober avec vous ?   1380
Je sais que sans blesser l'honneur le plus sévère,
Je me puis affranchir des mains de votre père :
Ce n'est point m'arracher du sein de mes parents,
Et la fuite est permise à qui fuit ses tyrans.
Mais vous m'aimez, Seigneur ; et ma gloire alarmée[1]…   1385

---

1. Hippolyte garde le secret sur la passion criminelle de Phèdre, mais il enlève Aricie, qu'il avait mission de garder et à qui il était interdit de trouver un époux. Aricie se laisse enlever, mais se préoccupe de sa *gloire*. Racine prend grand soin de ménager dans ses personnages une proportion convenable d'audace et de délicatesse.

HIPPOLYTE

Non, non, j'ai trop de soin de votre renommée.
Un plus noble dessein m'amène devant vous :
Fuyez vos ennemis, et suivez votre époux.
Libres dans nos malheurs, puisque le ciel l'ordonne,
1390 Le don de notre foi ne dépend de personne.
L'hymen n'est point toujours entouré de flambeaux.
    Aux portes de Trézène, et parmi ces tombeaux,
Des princes de ma race antiques sépultures,
Est un temple sacré formidable aux parjures.
1395 C'est là que les mortels n'osent jurer en vain :
Le perfide y reçoit un châtiment soudain ;
Et craignant d'y trouver la mort inévitable,
Le mensonge n'a point de frein plus redoutable.
Là, si vous m'en croyez, d'un amour éternel
1400 Nous irons confirmer le serment solennel ;
Nous prendrons à témoin le Dieu qu'on y révère ;
Nous le prîrons tous deux de nous servir de père.
Des dieux les plus sacrés j'attesterai le nom.
Et la chaste Diane, et l'auguste Junon,
1405 Et tous les Dieux enfin, témoins de mes tendresses,
Garantiront la foi de mes saintes promesses.

ARICIE

Le Roi vient. Fuyez, Prince, et partez promptement.
Pour cacher mon départ, je demeure un moment.
Allez, et laissez-moi quelque fidèle guide,
1410 Qui conduise vers vous ma démarche timide.

SCÈNE II

THÉSÉE, ARICIE, ISMÈNE

THÉSÉE

Dieux, éclairez mon trouble, et daignez à mes yeux
Montrer la vérité, que je cherche en ces lieux.

ARICIE

Songe à tout, chère Ismène, et sois prête à la fuite.

SCÈNE III

THÉSÉE, ARICIE

THÉSÉE

Vous changez de couleur, et semblez interdite,
Madame ! Que faisait Hippolyte en ce lieu ?   1415

ARICIE

Seigneur, il me disait un éternel adieu.

THÉSÉE

Vos yeux ont su dompter ce rebelle courage ;
Et ses premiers soupirs sont votre heureux ouvrage.

ARICIE

Seigneur, je ne vous puis nier la vérité :
1420 De votre injuste haine il n'a pas hérité ;
Il ne me traitait point comme une criminelle.

THÉSÉE

J'entends, il vous jurait une amour éternelle.
Ne vous assurez point sur ce cœur inconstant ;
Car à d'autres que vous il en jurait autant.

ARICIE

1425 Lui, Seigneur ?

THÉSÉE

Vous deviez le rendre moins volage :
Comment souffriez-vous cet horrible partage ?

ARICIE

Et comment souffrez-vous que d'horribles discours
D'une si belle vie osent noircir le cours ?
Avez-vous de son cœur si peu de connaissance ?
1430 Discernez-vous si mal le crime et l'innocence ?
Faut-il qu'à vos yeux seuls un nuage odieux
Dérobe sa vertu qui brille à tous les yeux ?
Ah ! c'est trop le livrer à des langues perfides.
Cessez. Repentez-vous de vos vœux homicides ;
1435 Craignez, Seigneur, craignez que le ciel rigoureux

Ne vous haïsse assez pour exaucer vos vœux[1].
Souvent dans sa colère il reçoit nos victimes ;
Ses présents sont souvent la peine de nos crimes.

THÉSÉE

Non, vous voulez en vain couvrir son attentat ;
Votre amour vous aveugle en faveur de l'ingrat.   1440
Mais j'en crois des témoins certains, irréprochables :
J'ai vu, j'ai vu couler des larmes véritables.

ARICIE

Prenez garde, Seigneur. Vos invincibles mains
Ont de monstres sans nombre affranchi les humains ;
Mais tout n'est pas détruit, et vous en laissez vivre   1445
Un[2]… Votre fils, Seigneur, me défend de poursuivre.
Instruite du respect qu'il veut vous conserver,
Je l'affligerais trop si j'osais achever.
J'imite sa pudeur, et fuis votre présence
Pour n'être pas forcée à rompre le silence.   1450

---

1. La seule fois, dans le théâtre de Racine, où un dieu serve un mortel et se présente comme son allié, c'est à contretemps, et, dans le fait, pour lui nuire. L'amitié de Neptune est aussi efficace qu'une haine. Et Thésée aura par surcroît le sentiment horrible d'avoir causé son propre malheur.
2. Ce célèbre rejet d'un seul pied, si expressif, est d'une hardiesse que les Romantiques n'ont pas dépassée.

Phèdre

SCÈNE IV

THÉSÉE, *seul.*

Quelle est donc sa pensée ? et que cache un discours
Commencé tant de fois, interrompu toujours ?
Veulent-ils m'éblouir par une feinte vaine ?
Sont-ils d'accord tous deux pour me mettre à la gêne ?
1455 Mais moi-même, malgré ma sévère rigueur,
Quelle plaintive voix crie au fond de mon cœur ?
Une pitié secrète et m'afflige et m'étonne.
Une seconde fois interrogeons Œnone.
Je veux de tout le crime être mieux éclairci.
1460 Gardes ? Qu'Œnone sorte, et vienne seule ici.

SCÈNE V

THÉSÉE, PANOPE

PANOPE

J'ignore le projet que la Reine médite,
Seigneur. Mais je crains tout du transport qui l'agite.
Un mortel désespoir sur son visage est peint ;
La pâleur de la mort est déjà sur son teint.
1465 Déjà, de sa présence avec honte chassée,
Dans la profonde mer Œnone s'est lancée.

On ne sait point d'où part ce dessein furieux ;
Et les flots pour jamais l'ont ravie à nos yeux.

THÉSÉE

Qu'entends-je ?

PANOPE

     Son trépas n'a point calmé la Reine :
Le trouble semble croître en son âme incertaine.   1470
Quelquefois, pour flatter ses secrètes douleurs,
Elle prend ses enfants et les baigne de pleurs ;
Et soudain, renonçant à l'amour maternelle,
Sa main avec horreur les repousse loin d'elle.
Elle porte au hasard ses pas irrésolus ;   1475
Son œil tout égaré ne nous reconnaît plus.
Elle a trois fois écrit ; et changeant de pensée,
Trois fois elle a rompu sa lettre commencée.
Daignez la voir, Seigneur ; daignez la secourir.

THÉSÉE

Ô ciel ! Œnone est morte, et Phèdre veut mourir ?   1480
Qu'on rappelle mon fils, qu'il vienne se défendre.
Qu'il vienne me parler, je suis prêt de l'entendre[1].
Ne précipite point tes funestes bienfaits,
Neptune ; j'aime mieux n'être exaucé jamais.

1. Racine ménage ici un nouvel effet tragique : Thésée qui a
déchaîné le meurtre et son malheur — de même que dans
Andromaque Hermione qui a chargé Oreste de tuer Pyrrhus —
veut revenir sur sa décision ; il ne le peut, s'agite en vain, et,
lucide, regarde venir vers lui le fruit funeste de sa malédiction.

1485 J'ai peut-être trop cru des témoins peu fidèles;
Et j'ai trop tôt vers toi levé mes mains cruelles.
Ah! de quel désespoir mes vœux seraient suivis!

SCÈNE VI

THÉSÉE, THÉRAMÈNE

THÉSÉE

Théramène, est-ce toi? Qu'as-tu fait de mon fils?
Je te l'ai confié dès l'âge le plus tendre.
1490 Mais d'où naissent les pleurs que je te vois répandre?
Que fait mon fils?

THÉRAMÈNE

Ô soins tardifs et superflus!
Inutile tendresse! Hippolyte n'est plus.

THÉSÉE

Dieux!

THÉRAMÈNE

J'ai vu des mortels périr le plus aimable,
Et j'ose dire encor, Seigneur, le moins coupable.

THÉSÉE

Mon fils n'est plus ? Hé quoi ! quand je lui tends les bras,   1495
Les Dieux impatients ont hâté son trépas[1] ?
Quel coup me l'a ravi ? Quelle foudre soudaine ?

THÉRAMÈNE

À peine nous sortions des portes de Trézène,
Il était sur son char. Ses gardes affligés
Imitaient son silence, autour de lui rangés ;   1500
Il suivait tout pensif le chemin de Mycènes ;
Sa main sur ses chevaux laissait flotter les rênes[2].
Ses superbes coursiers, qu'on voyait autrefois
Pleins d'une ardeur si noble obéir à sa voix,
L'œil morne maintenant et la tête baissée,   1505
Semblaient se conformer à sa triste pensée.
Un effroyable cri, sorti du fond des flots,
Des airs en ce moment a troublé le repos ;
Et du sein de la terre une voix formidable
Répond en gémissant à ce cri redoutable.   1510
Jusqu'au fond de nos cœurs notre sang s'est glacé ;
Des coursiers attentifs le crin s'est hérissé.
Cependant sur le dos de la plaine liquide
S'élève à gros bouillons une montagne humide ;
L'onde approche, se brise, et vomit à nos yeux,   1515

1. C'est ici une sorte de *qui te l'a dit* que Thésée adresse à Neptune.
2. Var. : *Sa main sur les chevaux laissait flotter les rênes.* (1677 et 1687).

Parmi des flots d'écume, un monstre furieux.
Son front large est armé de cornes menaçantes ;
Tout son corps est couvert d'écailles jaunissantes ;
Indomptable taureau, dragon impétueux,
1520 Sa croupe se recourbe en replis tortueux.
Ses longs mugissements font trembler le rivage.
Le ciel avec horreur voit ce monstre sauvage,
La terre s'en émeut, l'air en est infecté,
Le flot qui l'apporta recule épouvanté.
1525 Tout fuit ; et sans s'armer d'un courage inutile,
Dans le temple voisin chacun cherche un asile.
Hippolyte lui seul, digne fils d'un héros,
Arrête ses coursiers, saisit ses javelots,
Pousse au monstre, et d'un dard lancé d'une main sûre,
1530 Il lui fait dans le flanc une large blessure.
De rage et de douleur le monstre bondissant
Vient aux pieds des chevaux tomber en mugissant,
Se roule, et leur présente une gueule enflammée,
Qui les couvre de feu, de sang et de fumée.
1535 La frayeur les emporte, et sourds à cette fois,
Ils ne connaissent plus ni le frein ni la voix.
En efforts impuissants leur maître se consume ;
Ils rougissent le mors d'une sanglante écume.
On dit qu'on a vu même, en ce désordre affreux,
1540 Un Dieu qui d'aiguillons pressait leur flanc poudreux [1].

---

1. Racine utilise le même procédé que dans *Iphigénie* ; le
merveilleux est suggéré seulement ; les esprits forts peuvent
toujours le récuser, en pensant que c'est là un racontar ou la
vision d'un spectateur crédule.

À travers des rochers la peur les précipite[1].
L'essieu crie et se rompt. L'intrépide Hippolyte
Voit voler en éclats tout son char fracassé ;
Dans les rênes lui-même il tombe embarrassé.
Excusez ma douleur. Cette image cruelle   1545
Sera pour moi de pleurs une source éternelle.
J'ai vu, Seigneur, j'ai vu votre malheureux fils
Traîné par les chevaux que sa main a nourris.
Il veut les rappeler, et sa voix les effraie ;
Ils courent. Tout son corps n'est bientôt qu'une plaie.   1550
De nos cris douloureux la plaine retentit ;
Leur fougue impétueuse enfin se ralentit :
Ils s'arrêtent, non loin de ces tombeaux antiques
Où des rois ses aïeux sont les froides reliques.
J'y cours en soupirant, et sa garde me suit.   1555
De son généreux sang la trace nous conduit :
Les rochers en sont teints ; les ronces dégouttantes
Portent de ses cheveux les dépouilles sanglantes.
J'arrive, je l'appelle, et me tendant la main
Il ouvre un œil mourant, qu'il referme soudain.   1560
Le ciel, dit-il, m'arrache une innocente vie.
Prends soin après ma mort de la triste Aricie.
Cher ami, si mon père un jour désabusé
Plaint le malheur d'un fils faussement accusé,

1. Var. : *À travers les rochers la peur les précipite.* (1677).
    Comme on voit, le texte de 1677 n'a presque pas été retouché
lors des deux rééditions. Les variantes sont fort minces, portent
sur une forme qui a vieilli (comme la variante de la note 1 de la
page 87), proposent un tour plus clair ou plus mélodieux ;
jamais plus d'une syllabe n'a changé dans un vers.

1565 *Pour apaiser mon sang et mon ombre plaintive,*
Dis-lui qu'avec douceur il traite sa captive,
Qu'il lui rende… À ce mot ce héros expiré
N'a laissé dans mes bras qu'un corps défiguré,
Triste objet, où des Dieux triomphe la colère,
1570 Et que méconnaîtrait l'œil même de son père.

THÉSÉE

Ô mon fils ! cher espoir que je me suis ravi !
Inexorables Dieux, qui m'avez trop servi !
À quels mortels regrets ma vie est réservée !

THÉRAMÈNE

La timide Aricie est alors arrivée.
1575 Elle venait, Seigneur, fuyant votre courroux,
À la face des Dieux l'accepter pour époux.
Elle approche : elle voit l'herbe rouge et fumante ;
Elle voit (quel objet pour les yeux d'une amante !)
Hippolyte étendu, sans forme et sans couleur.
1580 Elle veut quelque temps douter de son malheur,
Et ne connaissant plus ce héros qu'elle adore,
Elle voit Hippolyte et le demande encore.
Mais trop sûre à la fin qu'il est devant ses yeux,
Par un triste regard elle accuse les Dieux,
1585 Et froide, gémissante, et presque inanimée,
Aux pieds de son amant elle tombe pâmée[1].

1. Ce long récit où abondent les descriptions plastiques marque
la fin de l'action et l'accomplissement des destinées. La catastrophe
s'est produite : la tragédie, qui se complaît dans l'inévitable, s'y
attarde. Mais l'horreur est aussitôt rachetée par le langage.

Ismène est auprès d'elle ; Ismène, toute en pleurs,
La rappelle à la vie, ou plutôt aux douleurs.
Et moi, je suis venu, détestant la lumière,
Vous dire d'un héros la volonté dernière,   1590
Et m'acquitter, Seigneur, du malheureux emploi
Dont son cœur expirant s'est reposé sur moi.
Mais j'aperçois venir sa mortelle ennemie.

Phèdre.

SCÈNE DERNIÈRE

THÉSÉE, PHÈDRE, THÉRAMÈNE,
PANOPE, GARDES

THÉSÉE

Hé bien ! vous triomphez, et mon fils est sans vie.
Ah ! que j'ai lieu de craindre ! et qu'un cruel soupçon,   1595
L'excusant dans mon cœur, m'alarme avec raison !
Mais, Madame, il est mort, prenez votre victime :
Jouissez de sa perte, injuste ou légitime.
Je consens que mes yeux soient toujours abusés.
Je le crois criminel, puisque vous l'accusez.   1600
Son trépas à mes pleurs offre assez de matières,
Sans que j'aille chercher d'odieuses lumières,
Qui ne pouvant le rendre à ma juste douleur,
Peut-être ne feraient qu'accroître mon malheur[1].

---

1. Thésée préfère l'incertitude ; il ne manque à son malheur que de savoir qu'il a condamné son fils injustement. La
tragédie, impitoyable, ne le lui laissera pas longtemps ignorer.
Phèdre va parler.

1605 Laissez-moi, loin de vous, et loin de ce rivage,
De mon fils déchiré fuir la sanglante image.
Confus, persécuté d'un mortel souvenir,
De l'univers entier je voudrais me bannir.
Tout semble s'élever contre mon injustice.
1610 L'éclat de mon nom même augmente mon supplice.
Moins connu des mortels, je me cacherais mieux.
Je hais jusques au soin dont m'honorent les Dieux ;
Et je m'en vais pleurer leurs faveurs meurtrières,
Sans plus les fatiguer d'inutiles prières.
1615 Quoi qu'ils fissent pour moi, leur funeste bonté
Ne me saurait payer de ce qu'ils m'ont ôté.

PHÈDRE

Non, Thésée, il faut rompre un injuste silence ;
Il faut à votre fils rendre son innocence.
Il n'était point coupable.

THÉSÉE

Ah ! père infortuné !
1620 Et c'est sur votre foi que je l'ai condamné !
Cruelle, pensez-vous être assez excusée...

PHÈDRE

Les moments me sont chers, écoutez-moi, Thésée[1].
C'est moi qui sur ce fils chaste et respectueux

Phèdre's final confession

---

1. Phèdre s'avance alors. C'est une Phèdre lucide, déjà sortie de l'action tragique, morte à elle-même et à ses égarements, avant de mourir au monde. Elle fait le récit de son esclavage,

Osai jeter un œil profane, incestueux.
Le ciel mit dans mon sein une flamme funeste ; 1625
La détestable Œnone a conduit tout le reste.
Elle a craint qu'Hippolyte, instruit de ma fureur,
Ne découvrît un feu qui lui faisait horreur.
La perfide, abusant de ma faiblesse extrême,
S'est hâtée à vos yeux de l'accuser lui-même. 1630
Elle s'en est punie, et fuyant mon courroux,
A cherché dans les flots un supplice trop doux.
Le fer aurait déjà tranché ma destinée ;
Mais je laissais gémir la vertu soupçonnée.
J'ai voulu, devant vous exposant mes remords, 1635
Par un chemin plus lent descendre chez les morts.
J'ai pris, j'ai fait couler dans mes brûlantes veines
Un poison que Médée apporta dans Athènes.
Déjà jusqu'à mon cœur le venin parvenu
Dans ce cœur expirant jette un froid inconnu ; 1640
Déjà je ne vois plus qu'à travers un nuage
Et le ciel, et l'époux que ma présence outrage ;
Et la mort, à mes yeux dérobant la clarté,
Rend au jour, qu'ils souillaient, toute sa pureté.

PANOPE

Elle expire, Seigneur. 1645

---

résume l'action, nous donne toutes les « clefs » de la tragédie :
la nécessité tragique, l'impitoyable enchaînement des actions
rendues vaines, tout cela est découvert dans ce regard inutile-
ment perspicace que Phèdre jette après coup sur l'histoire de
son malheur achevé.

THÉSÉE

D'une action si noire
Que ne peut avec elle expirer la mémoire !
Allons, de mon erreur, hélas ! trop éclaircis,
Mêler nos pleurs au sang de mon malheureux fils.
Allons de ce cher fils embrasser ce qui reste,
1650 Expier la fureur d'un vœu que je déteste.
Rendons-lui les honneurs qu'il a trop mérités ;
Et pour mieux apaiser ses mânes irrités,
Que, malgré les complots d'une injuste famille,
Son amante aujourd'hui me tienne lieu de fille.

DOSSIER

CHRONOLOGIE

1639-1699

1638.   *13 septembre :* mariage des parents de Racine, Jean
        Racine, procureur à La Ferté-Milon (Aisne), et
        Jeanne Sconin, fille du président du grenier à sel.
1639.   *22 décembre :* baptême de Jean Racine.
1641.   *24 janvier :* baptême de Marie Racine, sœur de
        Racine.
        29 janvier : inhumation de la mère de Racine.
1643.   *7 février :* inhumation du père de Racine. Racine
        est recueilli par ses grands-parents paternels.
1649.   *22 septembre :* inhumation du grand-père paternel
        de Racine. Racine accompagne sa grand-mère qui
        se retire auprès de sa fille Agnès, religieuse à Port-
        Royal. Il devient élève, à titre gracieux, aux « Petites
        Écoles ».
1653.   *Octobre :* Racine est envoyé au collège de Beau-
        vais pour étudier les Lettres.
1655.   *Octobre :* retour de Racine à Port-Royal où il reçoit
        plus particulièrement l'enseignement d'Antoine Le
        Maître.
1656.   *Mars :* lors de la dispersion des Solitaires, Racine
        peut rester aux Granges, où il devient l'élève de
        M. Hamon. Il annote les auteurs grecs et latins et
        compose ses premiers vers.

1657.   *Octobre :* Racine vient faire son année de Logique
        au collège d'Harcourt (l'actuel lycée Saint-Louis) à
        Paris.

1659.   Racine s'établit chez son cousin Nicolas Vitart,
        alors intendant du duc de Luynes, quai des Grands-
        Augustins. Il y rencontre de jeunes mondains let-
        trés, notamment La Fontaine, et décide de suivre sa
        vocation littéraire.

1660.   *Septembre :* Racine publie sans nom d'auteur *La
        Nymphe de la Seine à la Reine*, ode composée à
        l'occasion du mariage du roi.
        Les comédiens du Marais refusent à Racine une tra-
        gédie, *Amasie*, connue par son titre seul.

1661.   *Juin :* Racine propose sans succès à l'Hôtel de
        Bourgogne une nouvelle tragédie dont il a dressé le
        plan et dont Ovide est le héros.
        Automne : fatigué et endetté, Racine part pour Uzès
        chez un de ses oncles, le père Antoine Sconin, alors
        vicaire général et official de l'évêque d'Uzès, avec
        espoir d'obtenir un bénéfice ecclésiastique, en vain.

1963.   *Juillet :* Racine, revenu à Paris après l'échec de la
        tentative d'Uzès, publie une *Ode sur la convales-
        cence du Roi*, qui entraîne son inscription sur la
        liste des gratifications royales.
        Octobre : publication de *La Renommée aux Muses*
        qui vaut à Racine l'appui du duc de Saint-Aignan.

1964.   *20 juin :* première représentation de *La Thébaïde ou
        les Frères ennemis* par la troupe de Molière sur la
        scène du Palais-Royal. Le succès en est médiocre.

1665.   *4 décembre :* première représentation d'*Alexandre
        le Grand* par la troupe de Molière au Palais-Royal.
        18 décembre : Alexandre est également représenté
        par les comédiens de l'Hôtel de Bourgogne, scène
        rivale. Racine se brouille avec Molière.

1666. *Janvier :* relevant une critique du janséniste Pierre Nicole contre le théâtre, Racine publie une *Lettre à l'auteur des Hérésies imaginaires et des deux Visionnaires*, dans laquelle il ridiculise Port-Royal. *10 mai :* en réponse à deux lettres émanant de partisans de Port-Royal, Racine écrit une nouvelle réplique qu'il ne publie cependant pas.

1667. *Avril :* édition collective des *Imaginaires*, précédée d'une préface dans laquelle Nicole attaque visiblement Racine.

Racine fait entrer la Du Parc, arrachée à la troupe de Molière, à l'Hôtel de Bourgogne.

Mai : Racine écrit une préface pour une édition des deux lettres à l'auteur des *Imaginaires*. Sur une intervention de Port-Royal auprès de Nicolas Vitart l'affaire en reste là, mais les relations de Racine avec Port-Royal, de plus en plus tendues depuis 1663, sont rompues.

17 novembre : première représentation d'*Andromaque*.

1668. *Novembre :* première représentation des *Plaideurs*. *11 novembre :* mort de la Du Parc, sans doute à la suite d'une fausse couche ou d'un avortement.

1669. *13 décembre :* première représentation de *Britannicus*.

1670. *Avril :* débuts de la Champmeslé à l'Hôtel de Bourgogne dans le rôle d'Hermione (on ignore quand Racine devient son amant).

21 novembre : première représentation de *Bérénice*.

1672. *1er janvier :* première représentation de *Bajazet*.

5 décembre : Racine est élu membre de l'Académie française.

23 (ou 30 ?) décembre : première représentation de *Mithridate*.

1673.   *12 janvier :* réception de Racine à l'Académie fran-
        çaise.

1674.   *18 août :* première représentation d'*Iphigénie* au
        cours des fêtes de Versailles.

        27 octobre : Racine est nommé Trésorier de France
        en la généralité de Moulins.

1676.   Première édition collective des œuvres de Racine
        (2 volumes, imprimés en 1674 et 1675).

1677.   *1ᵉʳ janvier :* première représentation à l'Hôtel de
        Bourgogne de *Phèdre et Hippolyte* (Racine n'inti-
        tulera sa pièce *Phèdre* qu'en 1687).

        3 janvier : première représentation au Théâtre Gué-
        négaud de la pièce rivale de Jacques Pradon, égale-
        ment intitulée *Phèdre et Hippolyte.* La guerre des
        sonnets qui s'ensuit entre les partisans de Pradon (en
        tête desquels se trouvent la duchesse de Bouillon,
        nièce de Mazarin, et son frère le duc de Nevers) et
        les amis de Racine (en particulier Boileau) conduit
        Racine et Boileau, menacés de bastonnade, à se
        réfugier un temps chez le prince de Condé.

        Mars : publication des deux *Phèdre et Hippolyte,* la
        pièce de Racine paraissant huit jours avant celle de
        Pradon.

        Après un début difficile, la pièce de Racine triomphe,
        alors que celle de Pradon disparaît définitivement
        après une reprise en mai.

        1ᵉʳ juin : mariage de Racine avec Catherine de
        Romanet dont il aura sept enfants.

        Septembre : Racine et Boileau, chargés des fonc-
        tions d'historiographes du roi, reçoivent une grati-
        fication de 6 000 livres chacun. Ils accompagneront
        désormais Louis XIV dans toutes ses campagnes
        militaires jusqu'en 1693.

1678.   *5 novembre :* Racine prononce un discours lors de

la réception de l'abbé Colbert (fils du ministre) à l'Académie française.

1679. *21 novembre :* interrogatoire de la Voisin qui accuse Racine d'avoir empoisonné la Du Parc en 1668.

1680. *11 janvier :* ordre est donné par Louvois pour l'arrestation éventuelle de Racine.

1683. *Mars :* Racine et Boileau reçoivent une gratification extraordinaire de 10 000 livres à l'occasion d'un opéra, inconnu, qu'ils composent pour le carnaval.
Décembre : Racine traduit partiellement le *Banquet* de Platon pour l'abbesse de Fontevrault, sœur de Mme de Montespan.

1684. *1er octobre :* mort de Pierre Corneille.
31 décembre : Mme de Montespan donne au roi un précis historique des campagnes de Louis XIV, depuis 1672 jusqu'en 1678, dont Racine et Boileau sont les auteurs.

1685. *2 janvier :* Thomas Corneille succède à son frère à l'Académie française. Racine fait l'éloge de Corneille dans le discours qu'il tient à prononcer à cette occasion.
16 juillet : Racine compose pour la fête que Seignelay (fils et successeur de Colbert) donne en l'honneur du roi, à l'Orangerie de Sceaux, l'*Idylle sur la paix*, poème mis en musique par Lully.
29 octobre : premières dispositions testamentaires de Racine.

1686. *Mai :* à la demande de Mme de Maintenon, Racine et Boileau corrigent les constitutions de l'institution de Saint-Cyr.

1687. Deuxième édition collective des œuvres de Racine.

1688. Plusieurs hymnes du *Bréviaire romain en latin et en français*, publié par le janséniste Le Tourneux, ont été traduites par Racine.

1689. *26 janvier :* première représentation d'*Esther*, à Saint-Cyr, devant le roi.

1690. *12 décembre :* Racine achète une charge de gentil-homme ordinaire de la Maison du roi moyennant 10 000 livres.

1691. *5 janvier :* première répétition publique d'*Athalie*, à Saint-Cyr, devant le roi.

1692. *Une relation de ce qui s'est passé au siège de Namur,* imprimée sur ordre du roi, est sans doute l'œuvre de Racine.

1693. *2 novembre :* Racine obtient en faveur de son fils Jean-Baptiste la survivance de sa charge de gentil-homme ordinaire.

      Début (?) de la rédaction de l'*Abrégé de l'histoire de Port-Royal.*

1694. *4 août :* réconciliation publique de Charles Perrault et de Boileau, à l'Académie française, qui met fin à la Querelle des Anciens et des Modernes, débutée en 1687.

      8 août : mort d'Antoine Arnauld aux obsèques duquel assiste Racine.

      Racine compose quatre *Cantiques spirituels* pour Saint-Cyr.

1695. *Juin :* Racine reçoit un logement au château de Versailles.

1696. *13 février :* Racine achète pour la somme considé-rable de 55 000 livres une charge de conseiller-secrétaire du roi.

1697. Troisième édition collective des œuvres de Racine qui contient de nombreuses corrections.

1698. *Mai :* Mort de la Champmeslé.

      10 octobre : deuxième testament de Racine qui demande à être inhumé à Port-Royal.

1699. *7 janvier :* mariage de Marie-Catherine Racine, fille
de Racine, avec Collin de Moramber.
21 avril : mort de Racine auquel le roi accorde
d'être inhumé à Port-Royal.

NOTICE

Phèdre fut représentée pour la première fois le 1er janvier 1677 ; imprimée la même année, elle se trouve également dans les éditions de 1687 et 1697. Deux jours après la première représentation, une pièce de Pradon sur le même sujet paraissait sur le théâtre. Des ennemis de Racine avaient suscité cette concurrence. La cabale, avec pour chefs, dit-on, la duchesse de Bouillon, nièce de Mazarin, et son frère Philippe Mancini, duc de Nevers, qui avait des prétentions à la poésie, répandit entre autres le fameux sonnet :

Dans un fauteuil doré, Phèdre tremblante et blême
Dit des vers où d'abord personne n'entend rien.
Sa nourrice lui fait un sermon fort chrétien
Contre l'affreux dessein d'attenter sur soi-même.

Hippolyte la hait presque autant qu'elle l'aime :
Rien ne change son cœur, ni son chaste maintien.
La nourrice l'accuse ; elle s'en punit bien.
Thésée a pour son fils une rigueur extrême.

Une grosse Aricie, au teint rouge, aux crins blonds,
N'est là que pour montrer deux énormes tétons,
Que, malgré sa froideur, Hippolyte idolâtre.

Il meurt enfin, traîné par des coursiers ingrats ;
Et Phèdre, après avoir pris de la mort aux rats,
Vient, en se confessant, mourir sur le théâtre.

À quoi les amis de Racine répondirent sur les mêmes rimes :

Dans un palais doré, Damon, jaloux et blême
Fait des vers où jamais personne n'entend rien.
Il n'est ni courtisan, ni guerrier, ni chrétien ;
Et souvent pour rimer, il s'enferme lui-même.

La Muse, par malheur, le hait autant qu'il l'aime.
Il a d'un franc poète et l'air et le maintien.
Il veut juger de tout et n'en juge pas bien.
Il a pour le Phébus une tendresse extrême.

Une sœur vagabonde, aux crins plus noirs que blonds,
Va par tout l'univers promener deux tétons,
Dont, malgré son pays, Damon est idolâtre.

Il se tue à rimer pour des lecteurs ingrats.
L'Énéide, à son goût, est de la mort aux rats.
Et, selon lui, Pradon est le roi du théâtre.

Le duc de Nevers, à ce qu'on prétend, aurait alors répliqué, toujours sur les mêmes rimes, par un second sonnet (beaucoup moins connu que les deux autres, mais qu'on trouve avec eux dans l'édition des *Œuvres* de Boileau, de La Haye, 1722, au tome I, p. 375) :

Racine et Despréaux, l'air triste et le teint blême,
Viennent demander grâce, et ne confessent rien.
Il faut leur pardonner, parce qu'on est chrétien,
Mais on sait ce qu'on doit au Public, à soi-même.

Damon, pour l'intérêt de cette sœur qu'il aime,
Doit de ces scélérats châtier le maintien :
Car il serait blâmé par tous les gens de bien,
S'il ne punissait pas leur insolence extrême.

Ce fut une Furie, aux crins plus noirs que blonds,
Qui leur pressa du pus de ses affreux tétons
Ce sonnet qu'en secret leur cabale idolâtre.

Vous en serez punis, satiriques ingrats,
Non pas, en trahison, d'un sou de mort aux rats,
Mais de coups de bâton donnés en plein théâtre.

Le détail de ces intrigues est mal connu. La pièce de Pradon qui, pendant quelque temps, avait été mise en balance avec celle de Racine — ce qui est de nature à faire réfléchir sur le goût de l'époque que certaine critique déclare si déterminant — fut assez promptement oubliée.

BIBLIOGRAPHIE SOMMAIRE

I

ÉDITIONS DES ŒUVRES ET DU THÉÂTRE COMPLET

Œuvres complètes. Édition de Raymond Picard, Gallimard, «Bibliothèque de la Pléiade», 1950, t. I.

Œuvres complètes. Édition de Georges Forestier, Gallimard, «Bibliothèque de la Pléiade», 1999, t. I.

Théâtre complet. Édition de Jean-Pierre Collinet, Gallimard, «Folio classique», 1982-1983, 2 vol.

Théâtre complet. Édition de Philippe Sellier, Imprimerie nationale, «La Salamandre», 1995, 2 vol.

II

SUR RACINE

BACKÈS, Jean-Louis, *Racine*, Le Seuil, 1981.

BARTHES, Roland, *Sur Racine*, Le Seuil, 1963.

BENHAMOU, Anne-Françoise, *La Mise en scène de Racine de Copeau à Vitez*, Université Paris III, 1983, 3 vol.

BERNET, Charles, *Le Vocabulaire des tragédies de Jean Racine : analyse statistique*, Champion-Slatkine, 1983.

DECLERCQ, Gilles, *Racine, une rhétorique des passions*, PUF, 1999.

DESCOTES, Maurice, *Les Grands Rôles du théâtre de Jean Racine*, PUF, 1957.

DUBU, Jean, *Racine aux miroirs*, SEDES, 1992.

FREEMAN, Bryant C., et BATSON, Alan, *Concordance du théâtre et des poésies de Jean Racine*, Ithaca, Cornell University Press, 1968, 2 vol.

GOLDMANN, Lucien, *Le Dieu caché. Étude sur la vision tragique dans les « Pensées » de Pascal et dans le théâtre de Racine*, Gallimard, 1956.

KNIGHT, Roy C., *Racine et la Grèce*, Boivin, 1950 ; rééd. Nizet, 1974.

MAURON, Charles, *L'Inconscient dans l'œuvre et la vie de Jean Racine*, Ophrys, 1957.

MAY, Georges, *D'Ovide à Racine*, PUF, 1948.

PICARD, Raymond, *Corpus racinianum. Recueil inventaire des textes et documents du XVIIe siècle concernant Jean Racine*, Les Belles Lettres, 1956 ; édition augmentée : *Nouveau Corpus racinianum*, éd. du CNRS, 1976.

—, *La Carrière de Jean Racine*, Gallimard, 1956 ; édition augmentée, 1961.

—, *De Racine au Parthénon. Essais sur la littérature et l'art à l'âge classique*, Gallimard, 1977.

POMMIER, Jean, *Aspects de Racine*, Nizet, 1954.

« Présences de Racine », *Œuvres et critiques*, XXIV, 1, 1999.

SPITZER, Leo, « L'effet de sourdine dans le style classique : Racine » (1931), *Études de style*, Gallimard, 1970, p. 208-335.

STAROBINSKI, Jean, « Racine et la poétique du regard », dans *L'Œil vivant,* Gallimard, 1961.

III

SUR *PHÈDRE*

Bénichou, Paul, « Hippolyte requis d'amour et calomnié », dans *L'Écrivain et ses travaux*, Corti, 1967, p. 237-323.

Caillois, Roger, « *Phèdre* et la mythologie » (1972), *Obliques*, Gallimard, 1987.

Collinet, Jean-Pierre, « Ariane : un fil pour *Phèdre* », dans *Hommages à Suzanne Roth*, ABDO, 1994, p. 227-236.

Delmas, Christian, « La mythologie dans *Phèdre* » et « Poésie et folklore d'après *Phèdre* », dans *Mythologie et mythe dans le théâtre français*, Droz, 1986.

Fumaroli, Marc, « Entre Athènes et Cnossos ; les dieux païens dans *Phèdre* », dans *Revue d'histoire littéraire de la France*, 1993, p. 30-61 et 172-190.

Maulnier, Thierry, *Lecture de « Phèdre »*, Gallimard, 1943.

Mauron, Charles, *Phèdre*, Corti, 1968.

Méron, Évelyne, « De l'*Hippolyte* d'Euripide à la *Phèdre* de Racine : deux conceptions du tragique », dans *XVIIe siècle*, n° 100, 1973, p. 35-54.

Sellier, Philippe, « De la tragédie considérée comme une liturgie funèbre, *Phèdre* », dans *L'Information littéraire*, XXXI, 1979, p. 11-15.

Valéry, Paul, « Sur Phèdre femme » (1942), *Variété V*, Gallimard, 1944.

INDEX
DES SOURCES ET DE LA MYTHOLOGIE

1. P. 21-26.

ALCIDE. Patronyme d'Hercule, petit-fils d'Alcée (v. 78, 470, 1141). Voir HERCULE.

ARICIE. Fille de Pallas.

Cocyte. Autre fleuve des enfers, selon la légende. Affluent de l'Achéron qui coule parallèlement au Styx (v. 385).

ÉGÉE. Fils adoptif de Pandion, le père de Pallas, selon Plutarque et Racine. Roi d'Athènes. Père de Thésée (v. 269, 497).

ÉRECHTHÉE. Roi légendaire d'Athènes dont descendraient les Pallantides (v. 426). Selon Homère, Érechthée n'avait pas d'ascendance humaine et avait jailli de la terre.

HERCULE (Héraclès). Par amour (v. 122), il se fit esclave de la reine de Lydie, Omphale, et accepta de porter des robes de femmes et de filer la laine à ses pieds. Il délivra Thésée des enfers.

HIPPOLYTE. Fils d'Antiope, mère des Amazones, et de Thésée.

MÉDÉE. De la lignée du Soleil. Médée fit périr à l'aide d'une robe empoisonnée le roi de Corinthe et sa fille, puis tenta d'empoisonner Thésée lorsque celui-ci vint à Athènes se faire reconnaître par Égée (v. 1638).

MINOS. Fils de Zeus (Jupiter) et d'Europe. Roi de Crète, il obtint le pouvoir en promettant à Poséidon, s'il lui envoyait un taureau sortant de la mer qui prouverait à ses frères que les dieux lui destinaient le royaume, de lui sacrifier en retour l'animal, ce que Minos ne fit pas, trouvant que c'était là un bel animal. Il épousa Pasiphaé, fille du Soleil, qui lui donna plusieurs enfants, dont Ariane et Phèdre. Poséidon, pour punir Minos d'avoir oublié sa promesse, inspira à Pasiphaé une passion violente pour ce taureau. De leur union naquit le Minotaure que Minos enferma dans le Labyrinthe qu'il fit construire par Dédale et que Thésée tua (v. 82). Après sa mort, Minos devient l'un des trois juges des enfers (v. 1280).

MINOTAURE. Né de l'union contre nature de Pasiphaé et d'un taureau, ce monstre au corps d'homme et à la tête de taureau fut enfermé par Minos dans le Labyrinthe. Chaque année, Minos lui donnait en pâture sept jeunes garçons et sept jeunes filles, tribut qu'il avait imposé à la ville d'Athènes. Thésée, porté volontaire pour faire partie des sept garçons, tua le monstre et parvint à sortir du Labyrinthe grâce à l'aide d'Ariane. Voir MINOS.

Pallantides. Les légendes, et Plutarque, parlent de cinquante Pallantides. Fils de Pallas (Pallante), frère d'Égée, descendants d'Érechthée, roi légendaire d'Athènes. Se considérant comme les héritiers d'Égée, qui n'avait apparemment pas d'enfants, les Pallantides pensèrent se partager le pouvoir à Athènes. Lorsqu'ils apprirent qu'Égée venait de reconnaître pour fils Thésée, que les Athéniens avaient dès lors déclaré roi, ils tendirent une embuscade à Thésée. Ils furent tous vaincus ou tués. Pour se purifier de leur mort, Thésée et sa femme, Phèdre, s'imposèrent un exil d'une année à Trézène.

PASIPHAÉ (v. 36). Voir MINOS.

PÉRIBÉE. Épouse de Télamon, roi de Salamine. Mère d'Ajax (v. 86).

PHÈDRE. Fille de Minos et de Pasiphaé, descendante du Soleil par sa mère et de Zeus par son père. Épouse de Thésée. De cette union naquirent Acamas et Démophon.

PIRITHOÜS. Ami de Thésée. Pirithoüs et Thésée jurent de se donner mutuellement une fille de Zeus pour épouse. Pirithoüs aide Thésée à enlever Hélène ; Thésée accompagne Pirithoüs aux enfers pour lui donner Perséphone (Proserpine), femme d'Hadès (Pluton), dieu des enfers (v. 384). Hadès les fait enchaîner. Si Héraclès parvient à délivrer Thésée, Pirithoüs meurt, dévoré par le chien Cerbère (v. 962).

PITTHÉE. Fils de Pélops et d'Hippodamie. Fondateur et roi

de Trézène, dans le Péloponnèse. Il maria sa fille Aethra à Égée. De cette union naquit Thésée. Pitthée éleva son petit-fils Thésée ainsi que son arrière-petit-fils Hippolyte (v. 478, 1103).

PROSERPINE. Déesse des enfers, souvent assimilée à la Perséphone grecque.

Styx. Fleuve des enfers, selon la légende. L'eau de ce fleuve infernal passait pour avoir des propriétés magiques, et servait notamment aux dieux à prononcer un serment solennel. Si le dieu venait à se parjurer, un terrible châtiment s'exerçait.

THÉSÉE. Fils d'Aethra et d'Égée. Selon certaines légendes, suivies notamment par Euripide et Sénèque, Thésée serait le fils de Poséidon. Roi d'Athènes après la mort de son père, il fut emprisonné aux enfers pour avoir tenté d'enlever Hélène, fille de Zeus, avec l'aide de son ami Pirithoüs. Héraclès l'en délivra. Voir PIRITHOÜS et Pallantides.

VÉNUS. Elle poursuit la race du Soleil, et donc Phèdre, pour se venger de ce que le Soleil avait montré à Vulcain et aux autres dieux son adultère avec Mars.

TABLEAU GÉNÉALOGIQUE

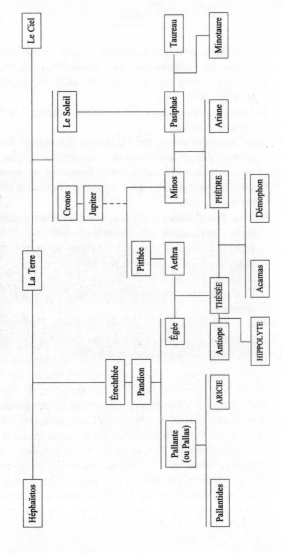

RÉSUMÉ

ACTE I

Hippolyte déclare son intention de partir à la recherche de son père Thésée, roi de Trézène et d'Athènes, qui a disparu depuis plus de six mois. Ce départ lui permettra de fuir Aricie, sœur des Pallantides écartés du trône par Thésée et vouée par ce dernier à l'esclavage (scène 1). De son côté, Phèdre, femme de Thésée et belle-mère d'Hippolyte, atteinte d'un mal mystérieux, se laisse mourir (scène 2). Œnone, sa nourrice, essaie de lui redonner goût à la vie et la pousse à se confier. Désespérée, Phèdre avoue brûler d'amour pour Hippolyte, le fils que Thésée a eu d'une Amazone, ce « fils de l'étrangère » qu'elle semblait poursuivre de sa haine (scène 3). Arrive une suivante qui annonce à Phèdre la mort de Thésée et lui apprend qu'Athènes hésite entre trois prétendants : le fils de Phèdre, Hippolyte et Aricie (scène 4). Œnone dit à Phèdre qu'elle se doit de vivre pour que son fils puisse devenir roi : l'amour coupable qu'elle porte à Hippolyte n'est plus criminel dès lors que Thésée est mort et Phèdre doit même épouser Hippolyte pour combattre les prétentions au trône d'Aricie (scène 5).

ACTE II

Aricie avoue à sa confidente Ismène qu'elle aime Hippolyte et s'en croit aimée (scène 1). Hippolyte, devenu roi de
Trézène, vient affranchir Aricie. Il lui apprend qu'ils sont
trois à être pressentis pour gouverner Athènes. Hippolyte
déclare à Aricie qu'il veut reconnaître ses droits et l'aider à
accéder au trône. Loin de la haïr, comme elle le croit, il
avoue l'amour qu'il lui porte (scène 2). Phèdre, de son côté,
désire rencontrer Hippolyte avant son départ. Malgré la
réticence d'Hippolyte, et sur les instances d'Aricie qui
répond favorablement à son amour, l'entretien va avoir lieu
(scènes 3 et 4). Phèdre demande à Hippolyte de ne point
haïr le fils qu'elle a eu de Thésée, en dépit de la haine
qu'elle-même a toujours portée à Hippolyte. Esquissant la
comparaison entre Thésée et Hippolyte, elle en vient à lui
déclarer son amour. Elle avoue l'avoir chassé pour mieux
lui résister et, demandant à être châtiée de sa main, lui
prend son épée et s'enfuit (scène 5). Hippolyte, interdit,
n'ose parler de cet entretien à son gouverneur Théramène.
Ce dernier lui apprend que c'est Phèdre qui a été choisie par
Athènes et qu'un étrange bruit court selon lequel Thésée
serait toujours en vie (scène 6).

ACTE III

Phèdre, au désespoir, refuse les honneurs de la couronne.
Obsédée par l'amour qu'elle porte à Hippolyte et décidée à
se l'attacher, elle demande à Œnone de proposer le trône à
celui-ci et de tout faire pour le tenter (scène 1). Seule, Phèdre
demande à Vénus de ne plus s'en prendre à elle et de trouver
en Hippolyte une nouvelle victime (scène 2). Œnone repa-

raît, annonçant le retour de Thésée. Convaincue qu'Hippolyte horrifié va parler à son père de la passion qu'elle
éprouve pour lui, Phèdre songe à mourir. Œnone la persuade
d'accuser Hippolyte de ce crime, ayant pour preuve l'épée
qu'il lui a abandonnée : Phèdre sauvera ainsi son honneur
menacé et Hippolyte sera seulement puni d'exil par son
père. Phèdre s'en remet à Œnone (scène 3). Lorsque Thésée
apparaît, Phèdre lui annonce, sans autre explication, qu'il est
offensé et qu'elle n'est plus digne de paraître devant lui
(scène 4). Face aux interrogations de Thésée, Hippolyte dit
vouloir s'exiler pour fuir la vue de Phèdre. Thésée, qui vient
de faire le récit de sa capture aux enfers, est troublé par l'attitude de sa femme et de son fils : il demande à connaître le
crime et le coupable (scène 5). Hippolyte s'interroge sur les
desseins de Phèdre mais pense ne rien devoir redouter puisqu'il est innocent. Il veut parler à son père de son amour
pour Aricie (scène 6).

ACTE IV

Thésée vient d'apprendre d'Œnone, qui lui présente l'épée
abandonnée, le crime d'Hippolyte envers Phèdre (scène 1).
Sûr de la culpabilité de son fils, Thésée le condamne à l'exil
et appelle sur lui la colère de Neptune. Pour toute justifica-
tion, Hippolyte demande à son père comment un homme
aussi vertueux que lui peut devenir en un jour un être aussi
criminel. Il déclare alors son amour pour Aricie, qu'il sait
également coupable aux yeux de Thésée. Thésée, dont la
fureur ne cesse de croître, chasse son fils (scène 2). Seul, il
espère la vengeance de Neptune en dépit de la détresse qu'il
éprouve (scène 3). Phèdre, venue prier Thésée d'épargner le
sang d'Hippolyte, apprend de lui l'amour que ce dernier
éprouve pour Aricie (scène 4). Restée seule, Phèdre interdite

est prête à s'accuser (scène 5). Devant Œnone, elle fait exploser sa rage et imagine le bonheur des deux amants. Alors qu'elle songe à exiger de Thésée la perte d'Aricie, Phèdre se rappelle le destin qui s'acharne sur sa famille. Œnone lui assurant que l'amour illégitime, loin d'être criminel, est une faiblesse humaine, Phèdre perd patience : elle la chasse et l'accuse d'être responsable de tout (scène 6).

ACTE V

Hippolyte demande à Aricie, qui ne comprend pas son attitude mais respecte son silence, de le suivre en exil et de s'unir à lui dans un temple près de Trézène. Aricie, pour cacher son départ, rejoindra Hippolyte sur la route (scène 1). Thésée révèle à Aricie l'amour supposé d'Hippolyte pour Phèdre. Aricie est sur le point de lui dire la vérité mais, liée par serment à Hippolyte, préfère fuir (scènes 2 et 3). Thésée, troublé, désire recevoir d'autres éclaircissements d'Œnone (scène 4) mais il apprend le suicide de cette dernière et le désespoir de Phèdre. Thésée veut entendre Hippolyte et interrompre la vengeance réclamée à Neptune (scène 5). Théramène, compagnon d'exil d'Hippolyte, est de retour : Hippolyte est mort. Neptune a fait sortir des flots un monstre qu'Hippolyte a terrassé ; mais les chevaux effrayés ont fui, en le traînant derrière eux. Ses dernières paroles avant de mourir ont été pour Aricie qui, arrivée sur les lieux, est tombée inanimée (scène 6). Phèdre survient. Thésée se repent, pleure la mort de son fils et se condamne lui-même à l'exil. Phèdre décide de rompre le silence et avoue sa culpabilité. S'étant empoisonnée pour laver son impureté, elle expire. Thésée entreprend de rendre à Hippolyte les honneurs qu'il mérite et décide de tenir Aricie pour sa fille (scène dernière).

DU MÊME AUTEUR

COLLECTION
FOLIO CLASSIQUE

Éditions révisées

1151   E.T.A. HOFFMANN : *Le Magnétiseur et autres contes*. Traduction de l'allemand d'Olivier Bournac, Henri Egmont, André Espiau de La Maëstre, Alzir Hella et Madeleine Laval. Édition d'Albert Béguin. Préface de Claude Roy.

1024   HONORÉ DE BALZAC : *La Vieille Fille*. Édition de Robert Kopp. Nouvelle mise en page.

1437   ÉMILE ZOLA : *L'Œuvre*. Édition d'Henri Mitterand. Préface de Bruno Foucart. Nouvelle mise en page.

2658   MARCEL PROUST : *Le Côté de Guermantes*. Édition de Thierry Laget et Brian G. Rogers. Nouvelle mise en page.

693   JEAN DE LA BRUYÈRE : *Les Caractères*. Nouvelle préface de Pascal Quignard. Édition d'Antoine Adam.

728   FRANÇOIS DE LA ROCHEFOUCAULD : *Maximes et Réflexions diverses*. Édition de Jean Lafond.

1356   SÉBASTIEN-ROCH-NICOLAS CHAMFORT : *Maximes et pensées*. Caractères et anecdotes. Préface d'Albert Camus. Édition de Geneviève Renaux.

2736   ÉMILE ZOLA : *Lourdes*. Édition de Jacques Noiray.

3296   ÉMILE ZOLA : *Rome*. Édition de Jacques Noiray.

3735   ÉMILE ZOLA : *Paris*. Édition de Jacques Noiray.

3319   CHARLES BAUDELAIRE : *Les Fleurs du mal*. Édition collector illustrée. Photographies de Mathieu Trautmann.

3512   GUSTAVE FLAUBERT : *Madame Bovary*. Édition collector. Préface d'Elena Ferrante.

2599   HANS CHRISTIAN ANDERSEN. *La Petite Sirène et autres contes*. Édition et traduction de Régis Boyer.

2047   MARCEL PROUST : *Sodome et Gomorrhe*. Édition
        révisée et augmentée par Antoine Compagnon.
        Nouvelle mise en page.

380   HONORÉ DE BALZAC : *Le Cousin Pons*. Nouvelle
        édition annotée par Isabelle Mimouni. Nouvelle
        préface d'Adrien Goetz. Postface d'André Lorant.

Dernières parutions

5881   PROSPER MÉRIMÉE : *Carmen*. Édition d'Adrien
        Goetz.

5882   FRANZ KAFKA : *La Métamorphose*. Traduction de
        l'allemand et édition de Claude David.

5895   VIRGINIA WOOLF : *Essais choisis*. Traduction
        nouvelle de l'anglais et édition de Catherine Bernard.

5920   *Waterloo. Acteurs, historiens, écrivains*. Édition
        de Loris Chavanette. Préface de Patrice Gueniffey.

5936   VICTOR HUGO : *Claude Gueux*. Édition d'Arnaud
        Laster.

5949   VOLTAIRE : *Le Siècle de Louis XIV*. Édition de
        René Pomeau. Préface de Nicholas Cronk.

5978   THÉRÈSE D'AVILA : *Livre de la vie*. Traduction de
        l'espagnol et édition de Jean Canavaggio.

6003   ALEXANDRE DUMAS : *Le Château d'Eppstein*.
        Édition d'Anne-Marie Callet-Bianco.

6004   GUY DE MAUPASSANT : *Les Prostituées. Onze
        nouvelles*. Édition de Daniel Grojnowski.

6005   SOPHOCLE : *Œdipe roi*. Traduction du grec ancien
        de Jean Grosjean. Édition de Jean-Louis Backès.

6025   AMBROISE PARÉ : *Des monstres et prodiges*.
        Édition de Michel Jeanneret.

6040   JANE AUSTEN : *Emma*. Traduction de l'anglais et
        édition de Pierre Goubert. Préface de Dominique
        Barbéris.

6041   DENIS DIDEROT : *Articles de l'Encyclopédie*. Choix
        et édition de Myrtille Méricam-Bourdet et Catherine
        Volpilhac-Auger.

6533 ANTHONY TROLLOPE : *Le Directeur*. Traduction de l'anglais de Richard Crevier, révisée par Isabelle Gadoin. Édition d'Isabelle Gadoin.

6547 RENÉ DESCARTES : *Correspondance avec Élisabeth de Bohême et Christine de Suède*. Édition de Jean-Robert Armogathe.

6556 DENIS DIDEROT : *Histoire de Mme de La Pommeraye* précédé de *Sur les femmes*. Édition d'Yvon Belaval.

6584 MIKHAÏL BOULGAKOV : *Le Maître et Marguerite*. Traduction du russe et édition de Françoise Flamant.

6585 GEORGES BERNANOS : *Sous le soleil de Satan*. Édition de Pierre Gille. Préface de Michel Crépu.

6586 STEFAN ZWEIG : *Nouvelle du jeu d'échecs*. Traduction de l'allemand de Bernard Lortholary. Édition de Jean-Pierre Lefebvre.

6587 FÉDOR DOSTOÏEVSKI : *Le Joueur*. Traduction du russe de Sylvie Luneau. Préface de Dominique Fernandez.

6588 ALEXANDRE POUCHKINE : *La Dame de Pique*. Traduction du russe d'André Gide et Jacques Schiffrin. Édition de Gustave Aucouturier.

6589 EDGAR ALLAN POE : *Le Joueur d'échecs de Maelzel*. Traduction de l'anglais de Charles Baudelaire. Chronologie et notes de Germaine Landré.

6590 JULES BARBEY D'AUREVILLY : *Le Dessous de cartes d'une partie de whist*. Suivi d'une petite anthologie du jeu de whist dans la littérature. Édition de Jacques Petit. Préface de Johan Huizinga.

6604 EDGAR ALLAN POE : *Eureka*. Traduction de l'anglais de Charles Baudelaire. Édition de Jean-Pierre Bertrand et Michel Delville.

6797 GUY DE MAUPASSANT : *Les Dimanches d'un bourgeois de Paris et autres nouvelles*. Édition de Catherine Botterel.

6817 GEORGE ELIOT : *Felix Holt, le radical*. Préface de Mona Ozouf. Traduction inédite de l'anglais et édition d'Alain Jumeau.

6818 GOETHE : *Les Années de voyage de Wilhelm Meister*. Traduction de l'allemand de Blaise Briod, revue et complétée par Marc de Launay. Édition de Marc de Launay.

6820 MIGUEL DE UNAMUNO : *Contes*. Traduction de l'espagnol de Raymond Lantier, revue par Albert Bensoussan. Édition d'Albert Bensoussan.

6831 ALEXANDRE DUMAS : *Le Comte de Monte Cristo*. Édition de Gilbert Sigaux. Préface de Jean-Yves Tadié. Nouvelle édition en un volume, série « XL ».

6832 FRANÇOIS VILLON : *Œuvres complètes*. Traduction de l'ancien français et édition de Jacqueline Cerquiglini-Toulet. Édition bilingue.

6855 ALEXANDRE DUMAS : *Les Compagnons de Jéhu*. Édition d'Anne-Marie Callet-Bianco.

6864 COLLECTIF : *Anthologie de la littérature grecque. De Troie à Byzance. VIIIᵉ siècle avant J.-C. - XVᵉ siècle après J.-C.* Traduction nouvelle du grec ancien d'Emmanuèle Blanc. Édition de Laurence Plazenet.

6866 AUGUSTE DE VILLIERS DE L'ISLE-ADAM : *Histoires insolites*. Édition de Jacques Noiray.

6891 GEORGE ORWELL : *Mil neuf cent quatre-vingt-quatre*. Édition et traduction nouvelle de l'anglais de Philippe Jaworski.

6892 JACQUES CASANOVA : *Histoire de ma vie*. Édition de Michel Delon.

6920 COLLECTIF : *La Commune des écrivains. Paris, 1871 : vivre et écrire l'insurrection*. Textes choisis et présentés par Alice de Charentenay et Jordi Brahamcha-Marin.

*Tous les papiers utilisés pour les ouvrages
des collections Folio sont certifiés
et proviennent de forêts gérées durablement.*

*Impression Novoprint
à Barcelone, le 2 mai 2023
Dépôt légal : mai 2023
1ᵉʳ dépôt légal dans la collection : mai 2015*

ISBN 978-2-07-046666-5 / Imprimé en Espagne

600558